无线 Mesh 网络中负载均衡路由技术研究

刘春晓　周　津　王秀芹　李石峰　著

科学出版社

北　京

内 容 简 介

本书系统地介绍了无线 Mesh 网络负载均衡的概念及国内外发展现状，集中研究与探讨了无线 Mesh 网络中负载均衡路由算法及信道分配算法，包括负载均衡路由算法、负载均衡多径路由算法、基于多信道的负载均衡信道分配算法、控制信道选择算法等关键技术和热点问题。

本书可供计算机专业本科生和研究生阅读，也可以作为从事相关研究和开发的专业技术人员的参考书籍。

图书在版编目（CIP）数据

无线 Mesh 网络中负载均衡路由技术研究 / 刘春晓等著. —北京：科学出版社，2019.11

ISBN 978-7-03-063012-4

Ⅰ. ①无… Ⅱ. ①刘… Ⅲ. ①无线网－分布载荷－路由选择－研究 Ⅳ. ①TN92

中国版本图书馆 CIP 数据核字（2019）第 251004 号

责任编辑：王喜军　高慧元 / 责任校对：彭珍珍
责任印制：吴兆东 / 封面设计：壹选文化

科学出版社出版
北京东黄城根北街 16 号
邮政编码：100717
http://www.sciencep.com
北京厚诚则铭印刷科技有限公司印刷
科学出版社发行　各地新华书店经销
*
2019 年 11 月第　一　版　开本：720 × 1000　1/16
2024 年 5 月第三次印刷　印张：8 1/2
字数：172 000

定价：98.00 元

（如有印装质量问题，我社负责调换）

前　言

无线 Mesh 网络（wireless mesh network，WMN）是针对特定的商业应用而涌现出来的一种新兴无线技术，为互联网业务提供商（internet service provider，ISP）和其他终端用户以合理的成本建立强健、可靠的无线宽带业务接入提供了选择。与传统的无线网络不同，无线 Mesh 网络是一个动态的自组织、自配置网络，即无线 Mesh 网络中的各个节点自动建立并维持网络的连接。无线 Mesh 网络中采用了各种先进的射频技术（如多射频接口和智能天线），使其容量得到大幅提升。

无线 Mesh 网络可以被看作无线局域网（wireless local area network，WLAN）（单跳）和移动 Ad hoc（多跳）的融合。在网络拓扑上，无线 Mesh 网络与移动 Ad hoc 网络相似，但网络中大多数节点基本静止不移动，不用电池作为动力，拓扑变化较小；在单跳接入上，无线 Mesh 网络一般不作为一个独立的网络形态存在，而是 Internet 核心网的无线延伸，因此它可以看成一种特殊的 WLAN。无线 Mesh 网络由于发挥了两者的优势，具有较高的可靠性、较大的伸缩性、较强的自愈性和较低的投资成本，必将成为下一代无线网络的技术热点。

本书系统地介绍了无线 Mesh 网络中负载均衡路由关键技术的相关问题。全书共 8 章。第 1 章介绍无线 Mesh 网络研究的背景与意义、无线 Mesh 网络中负载均衡路由技术的研究现状与发展趋势，最后说明本书的研究内容及主要贡献；第 2 章综述本书工作的相关研究，为本书后续章节的研究提供相关技术背景；第 3～7 章介绍负载均衡网关部署算法、混合负载均衡路由算法、多信道无线 Mesh 网络路由算法、多径路由算法及公共控制信道选择算法等的研究成果；第 8 章介绍近几年新的研究领域——移动群智感知网络的关键技术，并对未来新的移动群智感知网络研究方向进行展望。

本书得到了国家自然科学基金青年科学基金项目“基于稀疏表示的异常事件检测算法研究”（项目编号：61402049）、辽宁省科学技术厅一般研究项目“无线充电规划技术在智能交通物联网中的应用研究”（项目编号：201601353）及辽宁省社会科学基金重点项目“大数据环境下网络舆情分析方法研究”（项目编号：L18AXW001）的资助。本书的完成得到了多人支持和帮助，在此一并表示衷心的感谢。刘春晓负责撰写本书第 3～6 章以及整理工作，周津负责撰写第 1 章和第 2 章，王秀芹负责撰写第 7 章，李石峰负责撰写第 8 章。

由于作者水平有限，书中难免存在不足之处，恳请广大读者提出宝贵的意见和建议，以便进一步完善本书。

作　者

2019 年 1 月 24 日

目　录

第1章 绪 论

1.1 研究背景

从20世纪80年代起，无线技术从军事应用扩展到人们生活的各个领域[1-3]。近年来随着宽带移动技术的发展，无线技术的应用空间得到了进一步扩展。通信技术和移动计算的飞速发展和日益成熟，到了20世纪90年代，随着带有无线网卡的计算机以及各种便携式通信设备的广泛使用，无线通信和无线移动互联网成为学术界和产业界关注的热点。

无线Mesh网络中Mesh路由器的静态特性，使得设计一个强健、有效的数据流量管理协议成为可能，而无线网络中已存在的单路径（单径）和多路径（多径）流量协议是在针对单个源和目的节点对的前提下提出来的，无线 Mesh 网络有所不同的是，它是利用多个网关把节点与Internet连接起来。在面向Internet的流量中，每个节点可以独立地选择最优的网关节点。所以负载均衡技术在无线 Mesh 网络中不同于传统的无线网络的原因有以下两个[4-7]。

（1）节点静态性：无线 Mesh 网络中的节点一旦加入到网络中，便不会再移动，因此属于静态性节点。而目前针对移动Ad hoc网络中已提出来的负载均衡机制都是出于节点的动态性来考虑的，而应用于无线传感器网络的负载均衡机制则是考虑了节点能量和计算能力的限制。因此，这些已经存在的负载均衡机制都不适合无线Mesh网络，要为无线Mesh网络设计一个专门的负载均衡算法来实现网络最优性能。

（2）多个可用网关：根据这个特性，可以在多个网关之间进行负载均衡，即观察网关的拥塞情况，如果发现网关拥塞，则重新选择其他不拥塞的网关，通过这样的方式来实现网络的负载均衡。

不同于自治的移动Ad hoc网络，无线Mesh网络主要是为了提供从无线网络到有线基础网络 Internet 的连通性而设计的。因此，为了提高骨干网络带宽的利用率，将网关与Internet相连。在无线Mesh网络中，网络负载的不均衡会带来以下几个主要问题：网络容量下降、网关节点过载、靠近网络中心的区域拥塞、容易形成瓶颈节点以及出现瓶颈节点过载。无线 Mesh 网络为固定用户和移动用户提供了一个快速的、低成本的接入Internet方式，因此，在无线Mesh网络中，为了提供一个好的服务，提高网络的服务质量，对网络进行负载均衡是非常必要的。

在无线 Mesh 网络的应用中，网络的负载均衡技术正受到越来越多的关注，由于无线 Mesh 网络中带宽资源的限制，要求把网络数据流合理地分布于各个节点，否则会出现节点过载的现象，从而导致网络拥塞和时延，整个网络的吞吐量下降。因此，需要在网络中进行负载均衡，解决节点过载问题，来延长网络的生存期，增大网络吞吐量。

1.2 无线 Mesh 网络概述

1.2.1 无线 Mesh 网络的概念

无线 Mesh 网络概念的提出是在 20 世纪 90 年代中后期，而真正引起人们关注是在 21 世纪初期。它的出现不是偶然的，是应用需求直接推动的结果。无线 Mesh 网络起源于美国国防部高级研究规划署资助的分组无线网络研究，最初的动机是满足战场生存的需要。20 世纪 90 年代后期，随着一些技术的公开，无线 Mesh 网络成为移动通信领域一个公开的研究热点。无线 Mesh 网络技术已在美国军方得到应用，民用领域也已开始起步。

Mesh 的原意是网络中所有的节点都互联起来[8]，但是在实际应用中，一个节点只能和网络中一部分节点连接。无线 Mesh 网络是一种动态的自组织、自配置、自治愈的无线网络，具有布设方便、开销小、易于维护、易于扩展的特点。其主要目标是在大范围内提供高速的无线接入。

无线 Mesh 网络包括 Mesh 路由器和 Mesh 客户端两类节点[9]。Mesh 路由器间通过互联形成 Mesh 网，构成整个网络的骨干，显著扩展了无线网络的覆盖范围。Mesh 路由器和 Mesh 客户端对软硬件要求有所不同。Mesh 路由器除了具有传统的路由器功能外，还需要组织、维护 Mesh 连接。Mesh 网络可接入 Internet，也可将其他无线网络整合到一起，这是无线 Mesh 网络的一大特点。Mesh 路由器一般是固定的，且有稳定的电源供应，它们形成整个网络的骨干，为客户端提供回程。Mesh 客户端也具有基本的路由器功能，但相比 Mesh 路由器，其软硬件都相对简单，一般只有一个接口，只使用一种无线信号。

Mesh 网络的连接方式也是多种多样的，从接入方式来分，可分为有线和无线[10, 11]。从连接双方的节点来分，通常有用户-无线路由、无线路由-无线路由和无线网关-互联网三种连接方式，在某些网络体系结构中还支持用户-用户连接。Mesh 路由器之间的连接通常采用能提供高速无线连接的 IEEE 802.11、IEEE 802.16 技术，由于 Mesh 网络的特点，一般都是采用多点到多点的连接方式。这是无线 Mesh 网络的关键所在，通常也是瓶颈所在，这种连接通常被称为回程。

网关到互联网的连接多采用有线方式，显著扩展了无线 Mesh 网络的资源和使用范围。从流量来看，也分为两种：一种是用户和互联网的交互；另一种是用户之间的数据流，但前者占绝大部分。

1.2.2 无线 Mesh 网络与其他网络的比较

无线网络的分类：从无线跳数来看，可分为无线单跳网络和无线多跳网络；根据是否有基础架构，又可分为有基础架构的网络和自组织网络[12]。传统的 WLAN、WiMAX 和手机通信的蜂窝网，都属于单跳的有基础架构的无线网络。两个节点通过无线方式，如红外、蓝牙等直接进行通信，属于单跳自组织网络。无线传感器网络和无线 Mesh 网络都属于有基础架构的、使用多跳方式进行通信的无线网络。车载移动是一种典型的自组织多跳无线网络。

1）无线 Mesh 网络与 WLAN 的比较

WLAN 是计算机网络与无线通信技术相结合的产物[13]。它以无线信道作为传输介质，可提供传统有线局域网的功能，能够使用户实现随时、随地、随意的宽带网络接入。但是 WLAN 也有明显的缺点。首先，单个接入点（accessing point，AP）覆盖范围有限，支持的用户数也有限；其次，WLAN 还不能完全脱离有线网络，它只是有线网络的补充，而不是替代，AP 间连接仍然采用有线方式，在布设网络时仍会受到实际环境的影响；最后，传输速度还比较慢，无法实现有线局域网的高带宽。

无线 Mesh 网络与 WLAN 不同，除了网关利用有线方式与互联网连接外，其余连接都采用无线方式。Mesh 路由器通过无线方式进行互联，一方面弥补了无线网覆盖范围有限的缺陷；另一方面在布设网络时无须进行线缆铺设，使得网络的组建、配置和维护都非常方便，降低了运营成本。另外，无线 Mesh 网络设备比 WLAN 更先进，可以使用多信道/多信号及改进天线技术，在此基础上可对上层协议进行一系列的改进，从而为用户提供更高速率的接入服务。

2）无线 Mesh 网络与移动自组织网络的比较

无线 Mesh 网络与移动自组织网络的相似之处在于它们都是无线、多跳方式组合起来的网络，每个节点都需充当用户和路由器，需要为其他节点间通信提供转发服务，终端节点都具有移动性。

移动自组织网络中节点是完全对等的，但在无线 Mesh 网络中节点有路由器和客户端之分。Mesh 路由器软硬件较为复杂，可安装多块网卡并采用不同的信号；Mesh 客户端相对简单，一般只采用一种无线信号[14]。移动自组织网络中节点都处于移动状态，拓扑变化很剧烈，在无线 Mesh 网络中，Mesh 路由器基本是固定的，且拥有稳定的电源供应，可以形成稳定的骨干通信网。移动自组织网络中数据流大多是用户和用户之间的，无线 Mesh 网络中大多数流量是用户和网关之间的。

3）无线 Mesh 网络与无线传感器网络的比较

无线 Mesh 网络与无线传感器网络都是无线多跳网络，两者有许多相似之处和不同点。与无线 Mesh 网络类似，无线传感器网络中通信模式为用户将采集的数据通过多跳传给汇聚点，流量大多是在用户和网关之间。

无线传感器网络中节点部署后基本不动，但在无线 Mesh 网络中客户端会经常移动[15]。无线传感器网络受能量的约束非常大，一切工作都要考虑节能，但在无线 Mesh 网络中，提供骨干通信的 Mesh 路由器一般无须考虑能量问题，因此可采用一些较为复杂的算法来实现更好的网络性能。在带宽方面，无线传感器网络的带宽是非常小的，只有几十千字节每秒，无线 Mesh 网络是用来为用户提供接入服务的，带宽相对较大，能达到几十兆比特每秒甚至上百兆比特每秒。

1.2.3　无线 Mesh 网络中的关键技术

在无线 Mesh 网络的设计中，不仅要考虑无线传输中的各种问题，如天线设计、多址接入控制等，还需要考虑各种网络层功能的实现以及上下层功能之间的相互影响，这就使得无线 Mesh 网络的设计要远比传统的无线接入网复杂[16-18]。具体而言，无线 Mesh 网络需要考虑以下关键技术。

1）智能天线技术

无线 Mesh 网络中的天线设计对整个系统的性能和使用有着重大的影响。采用智能天线技术，可以在提高系统性能的同时简化其安装和使用。智能天线是具有测向和波束成形能力的天线阵列。使用智能天线技术，用户节点可以根据周围节点的状况，在软件控制下调整波束方向，分别对应多个相邻节点，起到充分复用的作用，提高了系统的容量。另外，当系统工作在低频段微波时，使用智能天线还可以提高系统抗频率性衰落和抗多径衰落的能力。最后，当网络拓扑发生变化时，可以通过自动调整波束的方向来重新建立用户节点之间的联系。

2）多址接入技术

多址接入技术所要解决的问题就是如何将有限的通信资源在多个用户之间进行有效的切割与分配，在保证多用户通信质量的同时，尽可能地降低系统的复杂度，并获得较高的系统容量。

3）路由技术

无线 Mesh 网络节点的移动性使得网络拓扑结构不断变化，传统的基于 Internet 的路由协议无法适应这些特性，需要有专门的应用于无线 Mesh 网络的路由协议。

设计无线Mesh路由协议，当前主要有两种做法：一种是根据无线Mesh网络与移动Ad hoc网络特点相似的特征，将Ad hoc开发的路由协议如距离矢量（destination-sequenced distance-vector，DSDV）路由协议、动态源路由（dynamic source routing，DSR）协议、临时按序路由算法（temporally-ordered routing algorithm，TORA）、距离矢量按需驱动（Ad hoc on-demand distance vector，AODV）路由协议移植过来用于无线Mesh网络；另一种是开发无线下专用的路由协议，如可预测的无线路由协议（predictive wireless routing protocol，PWRP）、多射频链路质量源路由（multi-radio link-quality source routing，MR-LQSR）协议等。单从性能角度来考察，必须开发适用于无线环境的Mesh路由协议。然后，从实现的复杂性考虑，改进已有的路由协议是最快捷的方式。

4）无线交换技术

在无线Mesh网络的网络层设计上，交换方式的选择对整个网络的业务性能有很大的影响。无线Mesh网络上承载的业务不单是宽带IP接入，也包括视频点播、网络会议等有较高服务质量（quality of service，QoS）要求的业务。由于电路交换方式难以满足多业务支持的要求，无线Mesh网络的网络层一般使用分组交换。分组交换进一步又分为三种：基于IP的分组交换、异步传输交换（asynchronous transfer mode switching，ATM）、多协议标签交换（multi-protocol label switching，MPLS）。这三种方式在业务质量保证、业务传输效率、实现复杂度、网络可管理性等方面各有特点。

1.2.4 无线Mesh网络的应用

无线Mesh网络在家庭、企业和公共场所等诸多领域都具有广阔的应用前景[19, 20]。

1）家庭

无线Mesh网络的一个重要用处就是建立家庭无线网络。家庭式无线Mesh网络可以连接台式电脑、笔记本电脑、高清电视、DVD播放器、游戏控制台，以及其他各种消费类电子设备，而不需要复杂的布线和安装过程。在家庭式无线Mesh网络中，各种家用电器既是网上的用户，也作为网络基础设施的组成部分为其他设备提供接入服务。

2）企业

目前，企业的无线通信系统大都采用传统的蜂窝电话式无线链路，为用户提供点到点及点到多点传输。无线Mesh网络则不同，它允许网络用户共享带宽，消除了目前单跳网络的瓶颈，并且能够实现网络负载的动态平衡。在无线Mesh网络中增加或调整AP也比有线AP更容易、配置更灵活、安装和使用成本更低。尤其是对那些需要经常移动接入点的企业，无线Mesh网络的多跳结构和配置灵活将非常有利于网络拓扑结构的调整和升级。

3）学校

校园无线网络与大型企业非常类似，但也有自己的不同特点。一是校园 WLAN 的规模大，不仅地域范围大、用户多，而且通信量也大；二是网络覆盖的要求高，网络必须能够实现室内、室外、礼堂、宿舍、图书馆和公共场所等之间的无缝漫游；三是负载平衡非常重要，由于学生经常要集中活动，当学生同时在某个位置使用网络时，就可能发生通信拥塞现象。

解决这些问题的传统做法是在室内高密度地区安装 AP，而在室外安装的 AP 数量则很少。但由于校园网的用户需求比较大，有可能经常需要增加新的 AP 或调整 AP 的部署位置，这会导致成本增加。而使用无线 Mesh 网络方式组网，不仅易于实现网络的结构升级和调整，而且能够实现室外和室内之间的无缝漫游。

4）医院

医院建筑物的构造密集复杂，一些区域要防止电磁辐射，布线比较困难，对网络的健壮性要求很高，如有重要活动（如手术），任何网络故障都将会带来灾难性的后果。采用无线 Mesh 网络正好能够解决这些问题，无线网络拓扑调整简单，而且网络的健壮性和高带宽也更适合医院等公共场所部署。

5）旅游休闲场所

无线 Mesh 网络非常适合于在地理位置偏远、布线困难或经济上不合算，而又需要为用户提供宽带无线 Internet 访问的地方，如旅游场所、度假村、汽车旅馆等。无线 Mesh 网络能够以最低的成本为这些场所提供宽带服务。

6）快速部署和临时安装

对于需要快速部署或临时安装的地方，如展览会、交易会或灾难救援现场等，无线 Mesh 网络无疑是最经济有效的组网方法。例如，需要临时在某个地方开几天会议或办几天展览，使用无线 Mesh 网络来组网可以显著降低成本。

1.3　无线 Mesh 网络中负载均衡路由技术研究现状

使用无线 Mesh 网络可以为固定和移动节点提供与 Internet 之间的快速而低开销的连接。在无线 Mesh 网络中，数据分组以一种多跳的方式发送到连接在 Internet 上的网关处。在某一特定的网络中可能有多个网关节点，靠近网关节点的区域或网关节点本身会成为网络的瓶颈，从而使网络拥塞，进而造成更大的丢包率。所以，无线 Mesh 网络的负载均衡对于提供更好的服务具有重要意义。

1.3.1　负载均衡网关部署策略的研究现状

无线 Mesh 网络作为一种无线宽带的 Internet 接入网，其显著特点是网络的大部分流量汇聚于网关。网关成为无线 Mesh 网络中的关键节点，制约着网络性能的提高，常常成为整个系统的性能瓶颈。增加网关的部署可以提高网络的吞吐量，然而，网关也不是越多越好，由于无线链路有限的带宽以及多跳无线链路之间的干扰对网络性能的影响，过多的网关只会增加部署成本而不能进一步改善性能。同时，相同数量的网关，其部署位置不同，网络性能也会有很大差异。因此，合理的网关部署对于无线 Mesh 网络的设计与规划至关重要，是实现无线 Mesh 网络与 Internet 高效整合的关键。

目前，对无线 Mesh 网络的研究大多集中在信道调度、路由方式、容量问题和性能分析、跨层设计、资源分配管理等方面。而对无线 Mesh 网络网关部署的研究才刚刚起步，相关学者把网关部署问题模型化为线性规划优化问题，并针对不同的约束条件提出网关部署算法[21]。文献[22]在保证 Mesh 路由器带宽需求的情况下，采用最少数量网关的方法，提出了一种基于最大流最短路径网关部署算法。文献[23]提出了一种多层网关部署算法，该算法中考虑了簇的大小的约束条件并允许簇与簇之间重叠。文献[24]提出了一种基于节点分簇的网关部署算法，将无线 Mesh 网络中的节点分成最小数量的、不相交的簇，簇首为网关节点，簇中建立以网关节点为根的生成树，簇中各节点以生成树中的路径来进行数据转发。文献[25]在文献[24]的基础上进一步研究，提出了一种网关部署优化的启发式算法，优化目标综合考虑了网关数量和 MR-GW 路径长度（跳数）。文献[26]提出了一种新的网关部署算法，该算法中网关的位置由多路通信流权值（multihop traffic-flow weight，MTW）判据决定，该判据中考虑了 Mesh 路由器的数量、Mesh 客户端的数量、Mesh 客户端的流量需求、潜在的干扰网关等因素。文献[27]提出了一种启发式算法，在满足 QoS 的约束条件下寻求最小的网关数目，首先将骨干网初始化成不相交的簇，其次将一些较小的簇合并到其他已有的簇中，若不能继续合并，就将某些较小的簇拆分，然后进行移位操作，尽量将拆分后的簇合并到其他已有的簇中。文献[28]中提出了基于粒子群的无线 Mesh 网关优化部署算法，对粒子的速度、速度的相关运算规则和粒子的运动方程进行了重新定义和设计，然后提出了基于网关启发式初步部署与优化的二阶段粒子群优化（particle swarm optimization，PSO）算法。文献[29]提出了一种新的基于 PSO 的网关部署算法，通过随机产生网关节点，为种群中的每个粒子计算适应度函数，使用最佳方案来进行一步步更新，以快速找到最优方案为目标。文献[30]中提出了一种将遗传算法与贪婪算法结合的混合网关部署算法，通过精心设计各个进化操作，利用遗传算法在多目标寻优方面的优势，在较少迭代次数下可以达到网关数量和负载均衡两方面的优化。文献[31]将 QoS 约束的费用最小网关部署问题归结为图的最小权有限支配集问题，分别提出了基于贪心算法的 GREEDY_LDS 和基于粒子群优化算法的 PSO_LDS 两种方法，并对两者进行分析比较。GREEDY_LDS 以网关的部署性价比作为启发信息，一次选择部署性价比高的节点作为网关，最后得到权值最小的有限支配集。该算法执行速度快，但由于网关的选择不能回溯，只能获取局部最优解。PSO_LDS 利用粒子群优化算法全局寻优的优势，可以得到更优的解，但是要以增加执行时间为代价。文献[32]提出了一种满足干扰约束和支持负载均衡的网关部署策略 ICLB-GPS，在部署网关时消减链路干扰并实现网关负载均衡。ICLB-GPS 策略综合网关选择、转发树构建和转发树之间的节点迁移来完成负载均衡的网关部署。

1.3.2　负载均衡单径路由算法的研究现状

由于无线 Mesh 网络骨干层与 Ad hoc 网络有相似特性，Ad hoc 网络的路由协议适当修改后可用于无线 Mesh 网络，主要代表性协议包括 AODV[33]、DSR[34]、TORA[35]、DSDV[36]、WRP[37]等。在网络仿真和实际网络运行过程中，当网络的流量达到一定程度的时候，在运行这些协议下的网络性能明显下降，分组传送时延增加和丢包率上升，而此时的网络总流量仍远远低于网络的最大容量。造成上述状况的原因是，这些协议的路由建立机制中没有考虑节点负载均衡问题。国内外已经有不少文献对无线 Mesh 网络负载均衡路由进行了研究，主要从多信道、多路径、分层和跨层进行负载均衡路由算法的设计。

近年来，相关学者提出了 DLAR[38]、LSR[39]、D-LAOR[40]、SIN[41]等一些具有负载均衡的路由协议。动态负载感知路由（dynamic load-aware routing，DLAR）协议把节点的接口缓存队列的长度作为节点的网络负载，但是接口缓存队列的长度不能很好地反映节点负载。负载感知路由（load-sensitive routing，LSR）协议把节点自身及周围节点的接口缓存队列的分组总和定义为节点的网络负载，该度量能很好地反映节点自身及周围状况，但实现负载型较高。基于时延的负载感知按需路由（delay-based load-aware on-demand routing，D-LAOR）算法通过整个路径的平均估计时延来判断本地负载状态。可选择性中间接点调度（selective intermediate nodes scheme，SIN）算法则使用信道利用率/平均队列大小来反映本地负载状态。文献[42]提出了一种新颖的、基于综合判据的路由算法。该算法通过跨层操作机制综合考虑无线链接的长度及通信效率对链接性能的影响，从而达到优化路由选择的效果。文献[43]提出了一种认知无线 Mesh 网络中负载均衡的组播路由算法，该算法首先提出了一种负载均衡的无线链路权值函数及计算方法，并利用该算法计算无线链路的权值，构造负载均衡组播树，然后采用基于无线广播特性的 QoS 约束频谱分配算法对无线链路进行信道分配。

为提高网络容量、充分利用无线资源，很多学者又提出了一些专门用于无线 Mesh 网络的多信道路由算法。文献[44]提出了一种在多信道无线 Mesh 网络中基于干扰感知的拓扑控制和 QoS 路由算法，该算法提出了同频干扰的概念，并在此基础上提出了一个多项式时间优化算法来解决网络拓扑中的带宽感知问题。文献[45]提出一种新的基于干扰模型的多信道分配算法，首先对网络进行分层，然后按照优先级逐层进行信道分配，通过降低信道间干扰来提高每个节点的吞吐量。文献[46]提出了一种负载感知的信道分配算法，该算法综合考虑了链路干扰因素及信道负载情况。但上述算法仅是将链路干扰或节点干扰作为信道分配的依据，均未考虑信道分配过程中的链路负载情况。文献[47]提出了一种基于最大流的负载均衡信道分配算法，该算法优先考虑为负载量比较大的链路分配更多的带宽，使得一些关键链路能够承受较大的流量负载，实现各信道的负载均衡，减少网络拥塞，降低分组丢失率和延迟。文献[48]提出一种和路由结合基于流量感知的分布式信道分配算法，对路由算法建立的树形拓扑进行信道分配。上述算法均采用树状路由，每个节点为维护树状拓扑结构，会产生大量的控制信息，从而产生较大的网络开销。文献[49]提出了一种联合信道分配和跨层路由算法，该算法提出了信道使用率的概念，并在此基础上提出了一种基于信道选择的路由判据，能够实时地反映信道的状态，但该算法中信道使用率计算复杂，不适合具有复杂结构的网络。文献[50]提出了一种新的路径尺度预计剩余容量（expected residual capacity，ERC）方法，用来评测路径质量并为节点选择高吞吐量低干扰的路由。同时结合多径路由的思想，提出了多信道无线 Mesh 网络的负载平衡路由。文献[51]在 DSDV 路由协议的基础上，提出了一种基于减少网络中信道切换的路由算法，该算法采用最小切换时延的信道分配策略，尽量减少信道切换产生的时延，从而降低了网络时延，提高了吞吐量。

1.3.3　负载均衡多径路由算法的研究现状

多径路由是相对单径路由而言的路由协议类型，多径路由的优势是负载均衡及容错，因此，为更好地实现无线 Mesh 网络中 Mesh 路由器之间的负载均衡，许多学者又提出了一些适用于无线 Mesh 网络的多径路由协议[52-55]。目前，很多多径路由协议都是基于 AODV 路由协议的，如 Ad hoc 按需多径路由（Ad hoc on-demand multipath distance vector routing，AOMDV）协议[56]、Ad hoc 网络中基于备份的路由（backup routing in Ad hoc network，AODV-BR）[57]协议、Ad hoc 网络中自适应的备份路由（adaptive backup routing in Ad hoc network，AODV-ABR）协议[58]。其中，AOMDV 是 DSR 的多路径扩展，它维护备用路径，当主路径失效时就可以利用备用路径，它论证了利用多径路由的中断率比单径路由少得多，能够更长时间地保持正确的端到端传输。AODV-BR 是 AODV 的一个扩展，它维护多条路径，然后其流量分布不超过一条路径，只是在主路径失败时才利用。上述算法都是发现多条路径，用一条备份路径来取代中断路径，称为备份（冗余）多路径[59]。还有一类算法是同时使用主路径和备份路径来转发数据，称为并行多路径。文献[60]

提出了一种新的按需路由协议——基于拆分的多径路由（split multipath routing，SMR）协议，SMR 是对 DSR 路由协议的扩展，通过目的节点为每个路由请求发现两条路径：一条是最短路径，另一条是最大非交叉路径。该文献主要研究建立和维持最大化非交叉路径，负载被分布到每个会话的两条路径中。基于捕获的多径路由协议（caching and multipath routing protocol，CHAMP）[61]主要研究应用数据缓存和最短多路径路由来减少由频繁的路径中断引起的报文丢失，其数据流量通过轮询的方式使用多条路径来传输。文献[62]提出了一种利用多接口无线 Mesh 网络干扰小的特点，寻找干扰不相交多径路由协议（multi-radio Ad hoc on-demand distance vector routing decoupled multipath，MR-AODV-DM），该协议能够解决 AODV-DM 协议存在的可寻率低、源节点和目的节点竞争信道的问题。文献[63]提出了一种无线 Mesh 网络中基于链路质量的多径路由协议，协议中使用横向优先搜索算法来发现从源节点到目的节点的多条路径。文献[64]提出了最小割多路径（min-cut multi-path，MCMP）路由算法，为流量请求选取少量关键路径，并在这些路径间均衡流量，在获得方法易实现性的同时能够有效地控制网络瓶颈链路拥塞。文献[65]提出一个基于簇的 QoS 多路径路由协议，通过一种可扩展、灵活的方式为移动自主网络提供服务质量保证。在这个策略中，每个节点只维持局部路由信息而不是整个网络的全局状态信息，它支持多个服务质量约束。文献[66]提出了一种基于蚁群算法的多径路由协议，该协议中最主要的目标就是提高网络的容量。文献[67]提出了一种簇内多径路由算法，算法中每个簇形成一个虚拟网络，网络中的空闲节点负责转发数据而不是簇首，可有效地减少网络中簇首的负载。

1.3.4　亟待解决的问题

无线 Mesh 网络路由协议的设计目标是快速、准确、高效、可扩展性好，因此在设计负载均衡路由协议时，也要基于以下目标实现。

（1）快速，指的是查找路由的时间要尽量短，以减少引入的额外时延；

（2）准确，指的是路由协议要能够适应网络拓扑结构的变化，提供准确的路由信息；

（3）高效，指的是路由协议不仅要能够提供最佳路由，而且维护路由的控制信息应尽量少，降低路由协议的开销，同时能根据网络的拥塞状况和业务的类型选择路由，避免拥塞并提供 QoS 保证；

（4）可扩展性好，指的是路由协议要能够适应网络规模的增长。

目前，无线 Mesh 网络的路由设计正是在不同环境下基于以上目标来实现，这就需要各层之间的互通与配合、信息的交互与共用，以及特殊要求下设计业务模型与算法的匹配。

1.4 本书主要研究内容与贡献

针对如何提高无线 Mesh 网络的负载均衡，本书分别从网关部署和多径路由两个方面进行研究，本书的主要研究内容如下。

（1）分析和归纳了国内外无线 Mesh 网络中负载均衡技术的相关研究。分类阐述了近年来提出的技术思想和具有代表性的研究成果，重点研究了一些典型的无线 Mesh 网络的路由协议以及无线 Mesh 网络的网关部署算法。

（2）无线 Mesh 网络中基于负载均衡的网关部署问题。无线 Mesh 网络的显著特点是网络中大部分流量汇聚于网关，网关是无线 Mesh 网络与 Internet 流量往来的桥梁，网关节点上的流量汇聚可能使在某些网关节点处产生负载不均衡。由于网关数量及性能有限，网关对往来流量的处理能力有限，网关常常成为网络性能的瓶颈。无线 Mesh 网络中，部署的网关节点越多网络性能越好，但成本也越高。在网关数量有限的情况下，网关部署位置的选择对网络性能有重要影响。

（3）无线 Mesh 网络中基于负载均衡的路由算法。在无线 Mesh 网络中，负载均衡对有效利用网络容量来说是至关重要的。无线 Mesh 网络的负载均衡不仅要求网关之间的负载均衡，还要求 Mesh 路由器之间的负载均衡。路由协议是实现网关及 Mesh 路由器负载均衡的主要技术，包括基于负载均衡的单信道路由算法、多信道路由算法以及多路径路由算法。

本书围绕无线 Mesh 网络中负载均衡技术进行了深入研究，主要贡献如下。

（1）提出了负载均衡的网关部署算法。网关之间负载均衡对无线 Mesh 网络吞吐量及性能的提升有重要意义。已有研究工作大部分都是以最小化网关部署数量为目标，而没有考虑网关之间的负载均衡。本书为实现网关的负载均衡，首先提出了一种基于作用力的贪婪启发式分簇算法。该算法在给定的候选网关节点集合中选择最少数量的节点作为网关，并以这些网关节点作为簇首进行分簇。簇中普通成员节点与簇首之间的关系用吸引力来表示，而在干扰范围内的普通成员之间的关系用排斥力来表示。因此计算普通成员节点之间与簇首之间的关系时，既要考虑吸引力，也要考虑排斥力。最后在该算法的基础上提出了一种杂交粒子群优化网关部署算法，以解决网关数量和负载均衡两方面的问题。

（2）提出了一种混合的负载均衡路由算法。已有研究表明，无线 Mesh 网络中的负载均衡路由问题为非确定性多项式（non-deterministic polynomial，NP）难问题，一般对该问题的解决采用启发式算法。本书首先分析了蚁群算法和遗传算法的优缺点，为克服这两种算法的缺点，形成优势互补，首先利用遗传算法的随机搜索、快速、全局收敛性产生有关问题的初始解，并将其转化为蚁群算法的初始信息素分布，然后利用蚁群算法的并行性、正反馈机制以及求解效率高等特征寻求最优解。因此，本书首先提出了一种基于剩余负载率的路由算法，并将该路由算法应用到融合遗传算法和蚁群算法的路由协议当中，使用遗传算法的结果并经过计算，将其转变为蚁群算法的信息素初始值，最后使用蚁群算法获得路径的最优解。

（3）提出了一种基于负载均衡的多信道路由算法。针对已有的 WCETT 路由判据中没有考虑负载均衡、链路干扰以及信道切换时延等问题，本书在研究已有的多信道路由算法的基础上提出了一种集中式的、负载感知的多信道路由算法，该算法首先根据网络拓扑图构建相应的冲突图，根据流量预测模型来计算网络中每条链路的流量负载以及计算网络中每条链路的潜在干扰链路，为冲突图中的每个节点分配一个权值。依据冲突图中节点权值从大到小依次为冲突图中的每个节点即拓扑图中的每条链路分配信道。最后在 WCETT 路由判据的基础上，提出了一种改进的 LBI_WCETT 路由判据，该路由判据综合考虑了链路干扰、链路负载、信道分布情况及路由选择时的信道切换所导致的时延问题。

（4）提出了一种基于分簇的多径路由算法。针对已有的多径路由算法中协议的复杂性强、开销大等缺点，本书提出了一种基于分簇的多径路由算法，同时针对已有的 *k*-hop 分簇算法没有簇首、开销大等缺点，本书借助最大连通度思想，改进了 *k*-hop 分簇算法，进而提出了一种新的无线 Mesh 网络中基于分簇的多径路由算法，分簇算法中提出了一个新的节点连接度概念，根据节点的连接度值来选择簇首，使簇首的选择更加合理。在成簇过程中，边界网关节点的选择成为关键，因此选择预期负载比较小的节点作为边界网关节点。最后根据簇间、簇内路由策略来选择多条路径进行数据传输。在流量分配阶段采用虚拟多路径模型来进行流量分配。

1.5　内 容 安 排

本书共 8 章，其余各章的结构安排具体如下。

第 2 章综述本书工作的相关研究，为本书后续章节的研究提供了相关技术背景。

第 3 章提出一种基于力的网络分簇算法，将无线 Mesh 网络划分为若干个簇，并在该算法的基础上提出一种杂交粒子群优化网关部署算法，实现最小化网关数量和网关之间的负载均衡。

第 4 章提出一种基于剩余负载率的路由算法，并将该路由算法应用到融合遗传算法和蚁群算法的路由算法当中。

第 5 章提出一种基于负载均衡的信道分配算法，设计一种新的路由判据，该路由判据综合考虑了链路干扰、链路负载、信道分布情况及路由选择时的信道切换导致的时延问题。

第 6 章提出一种新的无线 Mesh 网络中基于分簇的多径路由算法，该算法利用分簇算法来提高网络的可扩展性，减少网络的开销，同时利用虚拟多路径模型进行并行传输的方式来增加网络的吞吐量，实现负载均衡。

第 7 章提出一种新的控制信道选择算法，该算法将选出一组信道作为控制信道。为了减少信道切换所导致的时延，要最小化控制信道集合中控制信道的数目。

第 8 章介绍近几年流行的移动群智感知网络的关键技术及研究内容，并对未来的移动群智感知网络研究的新方向进行分析和展望。

参 考 文 献

[1] Akyildiz I F, Wang X D, Wang W L. Wireless mesh networks: A survey [J]. Computer Networks, 2005, 47(4): 445-487.

[2] 方旭明, 等. 下一代无线因特网技术: 无线 Mesh 网络[M]. 北京: 人民邮电出版社, 2006.

[3] Wang X, Lim A O. IEEE 802.11s wireless mesh networks: Framework and challenges [J]. Ad hoc Networks, 2008, 6(6): 970-984.

[4] Self Organizing Wireless mesh networks[EB/OL]. http://research.microsoft.com/mesh[2013-05-04].

[5] Jean C A, Zadeh A N, Jabbari B. Combined routing, channel scheduling, and power control in packet radio ad hoc networks with cellular overlay[C]. IEEE Vehicular Technology Conference 2002, Vancouver, 2002: 1960-1964.

[6] Raffaele B, Marco C, Enrico G. Mesh networks: Community multi-hop Ad hoc networks [J]. IEEE Communications Magazine, 2005, 43(3): 123-131.

[7] Abouaissa A, Brahmia M A, Lorenz P. Increasing end-to-end fairness over IEEE 802.11e-based wireless mesh networks [J]. International Journal of Communication Systems, 2013, 26(1): 1-12.

[8] 宋文, 方旭明. 无线网状网研究与发展[J]. 铁道学报, 2007, 29(2): 96-103.

[9] Akyildiz I F, Wang X, Wang W. Wireless mesh networks: A survey[J]. Computer Networks, 2005, 47(4): 445-487.

[10] Hiertz G R, Zang Y, Max S, et al. IEEE 802.11s: WLAN mesh standardization and high performance extensions[J]. IEEE In Network, 2008, 22(3): 12-19.

[11] Bencini L, Fantacci R. Performance evaluation of an IEEE 802.11g mesh network with multiradio nodes [J]. International Journal of Communication Systems, 2013, 26(1): 56-67.

[12] Sesay S, Yang Z, He J. A survey on mobile Ad hoc wireless network [J]. Information Technology Journal, 2004, 3(2): 168-175.

[13] Crow B P, Widjaja I D, Jeong G K, et al. IEEE 802.11 wireless local area network [J]. IEEE Communications Magazine, 1997, 35(9): 116-126.

[14] Akyildiz I F, Su W, Sankarasubramaniam Y, et al. A survey on sensor networks [J]. IEEE Communications Magazine, 2002, 40(8): 102-114.

[15] Perkins C E. Ad hoc Networking[M]. London: Addison Wesley, 2001.

[16] 傲丹, 方旭明, 马忠建. 无线网格网关键技术及其应用[J]. 电讯技术, 2005, 42(2): 16-22.

[17] Hossain E, Leung K. Wireless Mesh Networks Architectures and Protocols [M]. Berlin: Springer, 2008.

[18] 杨峰, 黄俊, 罗小华. 无线 Mesh 网络综述[J]. 数据通信, 2009(1): 15-17.

[19] Zhang Y, Luo J J, Hu H L. Wireless Mesh Networking Architectures, Protocols and Standards [M]. Beijing: Auerbach Publications, 2007.

[20] Bu T, Chan M C, Ramjee R. Designing wireless radio access networks for third generation cellular networks[C]. IEEE Infocom 2005, Miami, 2005: 68-78.

[21] Robinson J, Knightly E W. A performance study of deployment factors in wireless mesh networks [C]. 26th IEEE International Conference on Computer Communications, Barcelona, 2007: 2054-2062.

[22] Chandra R, Qiu L, Jain K, et al. Optimizing the placement of integration points in multi-hop wireless networks [C]. Proceedings of the 12th IEEE International Conference on Network Protocols, Berlin, 2004: 271-282.

[23] Wong J L, Jafari R, Potkonjak M. Gateway placement for latency and energy efficient data aggregation [C]. 29th Annual IEEE International Conference on Local Computer Networks, Tampa, 2004: 490-497.

[24] Bejerano Y. Efficient integration of multihop wireless and wired networks with QoS constraints [J]. IEEE/ACM Transactions on Networking, 2004, 12(6): 1064-1078.

[25] He B, Xie B, Agrawal D P. Optimizing deployment of Internet gateway in wireless mesh networks [J]. Computer Communications, 2008, 31(7): 1259-1275.

[26] Zhou P, Wang X D, Manoj B, et al. On optimizing gateway placement for throughput in wireless mesh networks[J]. Wireless Communications and Networking, 2010(1): 1-12.

[27] Drabu Y, Peyravi H. Gateway placement with QoS constraints in wireless mesh networks[C]. 7th International Conference on Networking, Cancun, 2008: 45-51.

[28] 刘安丰, 陈志刚, 曾峰. 基于 PSO 的无线 Mesh 网关优化部署算法[J]. 传感技术学报, 2008, 21(7): 1251-1258.

[29] Le V T, Dinh N H, Nguyen N G. The minimum number of gateways for maximizing throughput in wireless mesh networks [C]. Proceedings of the Second Symposium on Information and Communication Technology, Hanoi, 2011: 80-85.

[30] 曾峰, 陈志刚, 赵明, 等. 无线 Mesh 网中实现网关负载均衡部署的混合算法[J]. 系统仿真学报, 2009, 21(10): 3029-3034.

[31] 曾峰, 陈志刚, 邓晓衡. 无线 mesh 网中费用最小且 QoS 约束的网关部署算法[J]. 通信学报, 2009, 30(6): 80-88.

[32] 吴文甲, 杨明, 罗军舟, 等. 干扰约束和负载均衡的无线 Mesh 网络网关部署策略[J]. 计算机学报, 2012, 35(5): 883-897.

[33] Perkins C E, Royer E M. Ad hoc on-demand distance vector routing [C]. The 2nd IEEE Workshop on Mobile Computing Systems and Applications, New Orleans, 1999: 90-100.

[34] Johnson D B, Maltz D A. Dynamic source routing in Ad hoc wireless networks [J]. Mobile Computing, 1996: 153-181.

[35] Lambert M S. Temporally-ordered Routing Algorithm[M]. Beau Bassin：Betascript Publishing, 2010.

[36] Perkins C, Bhagwat P. Highly dynamic destination-sequenced distance-vector routing (DSDV) for mobile computers[C]. ACM Sigcomm Conference on Communications Architectures, Protocols and Applications, London, 1994: 234-244.

[37] Murthy S, Garcia-Luna-Aceves J J. An efficient routing protocol for wireless networks [J]. Mobile Networks and Applications, 1996, 1(2): 183-197.

[38] Lee S J, Gerla M. Dynamic load-aware routing in Ad hoc networks [C]. IEEE International Conference on Communications, Helsinki, 2001: 3206-3210.

[39] Kui W, Harms J. Load-sensitive routing for mobile Ad hoc networks [C]. Proceedings 10th International

Conference on Computer Communications and Networks, Scottsdale, 2001: 540-546.

[40] Song J H, Wong V, Leung V C M. Load-aware on-demand routing (LAOR) protocol for mobile Ad hoc networks [C]. The 57th IEEE Semiannual Vehicular Technology Conference, Jeju, 2003: 1753-1757.

[41] Yi Y, Gerla M, Kwon T. The selective intermediate nodes scheme for Ad hoc on-demand routing protocols [C]. IEEE International Conference on Communications, New York, 2002: 3191-3196.

[42] 沈呈, 陆一飞, 夏勤. 基于综合判据的无线 Mesh 网路由协议[J]. 计算机学报, 2010, 33(12): 2300-2311.

[43] 邝祝芳, 陈志刚, 刘惠. 一种认知无线 Mesh 网络中负载均衡的组播路由算法[J]. 计算机学报, 2013, 36(3): 521-531.

[44] Tang J, Xue G L, Zhang W Y. Interference-aware topology control and Qos Routing in multi-channel wireless mesh networks [C]. Proceedings of the 6th ACM International Symposium on Mobile Ad hoc Networking and Computing, Urbana, 2005: 25-27.

[45] Yang W L, Kao C C, Tung C H. Heuristic algorithms for constructing interference-free and delay-constrained multicast trees for wireless mesh networks [J]. KSII Transaction on Internet and Information Systems, 2011, 5(2): 269-286.

[46] Talmale R, Nimbhorkar S U. Load aware channel assignment for multi interface wireless mesh network [J]. International Journal of Engineering Research and Applications (IJERA), 2012, 2(3): 2829-2833.

[47] 李陶深, 韦亚欢, 葛志辉. 基于最大流的无线 mesh 网络负载均衡信道分配算法[J]. 通信学报, 2012, 33(Z1): 35-40.

[48] Shi Y C, Huang C H, Li N. A multiple channel assignment algorithm and routing protocol based on wireless mesh networks [J]. Wuhan University Journal of Natural Sciences, 2011, 57(2): 155-164.

[49] 束永安, 洪佩琳, 覃振权. 无线网状网中基于干扰模型的多信道分配策略[J]. 电子学报, 2008, 36(7): 1256-1260.

[50] 任娟, 裘正定. 多信道无线 Mesh 网络中基于路径尺度的负载平衡路由[J]. 计算机研究与发展, 2008, 45(12): 2979-2086.

[51] 谢晋, 李宗收, 朱琦. 一种改进的基于最少信道切换的路由算法[J]. 计算机应用, 2010, 30(2): 295-298.

[52] Le L. Multipath routing design for wireless mesh networks [C]. 2011 IEEE Global Telecommunications Conference, Kathmandu, 2011: 1-6.

[53] Ramesh M V, Reddy T R, Latha T S. An effective implementation of multi-path routing protocol in wireless mesh networks [J]. International Journal of Advanced Research in Computer Science and Software Engineering, 2012, 2(3): 364-368.

[54] Li Y, Zhou L, Yang Y, et al. Optimization architecture for joint multi-path routing and scheduling in wireless mesh networks [J]. Mathematical and Computer Modelling, 2011, 53(3/4): 458-470.

[55] Koksal C E, Balakrishnan H. Quality-aware routing metrics for time-varying wireless mesh networks[J]. IEEE Journal on Selected Areas in Communications, 2006, 24(11): 1984-1994.

[56] Marina M K, Das S R. Ad hoc on-demand multipath distance vector routing [J]. Sigmobile Mobile Computation Communication, 2002, 6(3): 92-93.

[57] Lee S J, Gerla M. AODV-BR: Backup routing in Ad hoc networks [C]. 2000 IEEE Wireless Communications and Networking Conference, Chicago, 2000: 1311-1316.

[58] Lai W K, Hsiao S Y, Lin Y C. Adaptive backup routing for Ad-hoc networks [J]. Computer Communications, 2007, 30(2): 453-464.

[59] 安辉耀, 王新安, 李挥, 等. 移动自组网中的先进路由算法与路由协议[M]. 北京: 科学出版社, 2009.

[60] Lee S J, Gerla M. Split multipath routing with maximally disjoint paths in Ad hoc networks [C]. IEEE International Conference on Communications, Helsinki, 2001: 3201-3205.

[61] Valera A, Seah W K G, Rao S V. CHAMP: A highly-resilient and energy-efficient routing protocol for mobile Ad hoc networks [C]. 4th International Workshop on Mobile and Wireless Communications Network, Stockholm, 2002: 43-47.

[62] 冯文江，张丽，薛道钦，等. 多接口无线 Mesh 网络多径及负载均衡路由协议[J]. 系统仿真学报，2011(11): 2518-2522.

[63] Giri R K, Saikia M. Link quality based multipath routing protocol in wireless mesh networks [J]. European Journal of Scientific Research, 2012, 87(3): 368-378.

[64] 杨华卫, 王洪波, 程时端, 等. 最小割多路径路由算法[J]. 软件学报, 2012, 23(8): 2115-2129.

[65] 卢锡城, 安辉耀, 彭宇行, 等. 大规模移动自主网络中基于簇的 QoS 多路径路由[J]. 软件学报, 2007, 18(7): 1786-1798.

[66] Laurent P, Bjarne E H. Ant-based multipath routing for wireless mesh networks [C]. Lecture Notes in Computer Science, Istanbul, 2011: 31-40.

[67] Reddy B D, Banu J F. Enhanced intra-cluster network routing scheme for efficient wireless mesh network [C]. 2012 International Conference on Information and Network Technology (ICINT 2012), Singapore, 2012: 172-176.

第 2 章　无线 Mesh 网络相关技术

第 1 章主要对无线 Mesh 网络进行了简单的介绍，并对无线 Mesh 网络中负载均衡技术的研究现状进行了分析。本章主要介绍无线 Mesh 网络中负载均衡技术的概念，从网关部署和路由算法两个方面对无线 Mesh 网络中负载均衡技术进行分析与讨论，为后续章节算法的设计打下基础。

2.1　无线 Mesh 网络中路由协议的分类

路由协议的主要任务是源节点与目的节点间的路由选择。路由选择过程需要既可靠又快速地执行且开销最小。尤其是如果存在一条可用路由，它就必须能被计算出来。目前出现的一些无线 Mesh 网络路由协议方案，主要包括以下类型[1-7]。

1）多判据路由

许多已有路由协议均使用最小跳数作为路由判据。研究表明，该路由判据在大多数情况下并非有效。对于两节点之间满足最小跳数原则的路径，由于干扰冲突与通信距离等因素的影响，链路性能可能会很差，网络吞吐量也将变得很差。并且一旦链路遇到干扰冲突，这种路由往往也不是最优路由。为解决此类因路径质量差而影响网络吞吐量等性能的问题，需要设计一种新的路由判据，该判据应能正确反映出链路质量对各指标的影响。

2）多信道路由

在无线 Mesh 网络中，使用多信道的方式有很多种，如单收发器多信道、多收发器多信道等方式。使用多收发器可以在不需要修改媒体访问控制层（medium access control，MAC）协议的基础上提升网络性能。文献[8]从该观点出发，提出了 MR-LQSR 协议，仿真结果表明，该方案能够较好地提高网络性能。同时，该协议提出了适应多信道条件下的路由判据——加权累计期望传输时间（weighted cumulative expected transmission time，WCETT），综合考虑了不同信道上的时延、带宽等信息。

3）多径路由

在无线 Mesh 网络中，所有节点通过路由协议共享网络资源。因此，无线 Mesh 网络路由协议必须满足负载均衡这一要求。例如，当网络中某节点发生拥塞，并成为整个网络的瓶颈节点时，新的业务流应该能“绕过”该节点。在源节点和目的节点之间选择多条路径进行数据传输称为多径路由。多径路由技术可以很好地避免单径路由时网络振荡的影响，还可以在充分利用带宽等网络资源的同时实现负载均衡、路由容错等。在某条链路因为信道质量恶化而不能正常工作时，其他链路可以继续工作，因此，也可以在路由故障时避免路由重建等操作。

4）分级路由

随着网络规模的增大，传统的利用广播机制来进行路由查找的方法会消耗很多网络资源。同时，大规模网络建立路径将花费很长时间，使端到端的延时变大，一旦路径建立，由于路径发生变化又需要消耗很大的网络资源才能进行路由重建。对于这个问题，通常可以采用分级路由思想来解决。

通过分级路由技术，在簇内与簇间使用不同的路由，分别发挥各自路由的优点，从而实现大规模无线 Mesh 网络路由。若所有的数据业务都需要通过簇首转发，那么簇首将成为整个网络的瓶颈；若数据业务不通过簇首转发，该路由的设计将变得更加复杂。

在分级路由中，首先需要确定特殊的自组织分簇算法。每个簇拥有一个或多个簇首。在决定簇大小时使其满足两点：第一，覆盖范围必须要足够大，保证节点不会轻易地移出所在簇；第二，路由时间必须要足够短，从而使源路由能够很快地找到目的节点。

5）跨层路由

路由协议与 MAC 协议之间的跨层设计是另一个有趣的课题，以往的研究都集中在网络第三层上，但是对于无线 Mesh 网络，因为网络的时变特性，路由性能并不理想，所以可以从第二层提取一些状态参数信息作为路由判据。此外，还可以考虑合并 MAC 与路由层之间的一些功能。研究表明，跨层设计可以使路由协议收集到节点底层的实际数据传输情况，从而做出正确的路径选择，这对网络性能的提高有很大的意义。

6）QoS 路由

如何为用户提供 QoS 保证也是当前路由研究的一大热点。特别是对于实时业务，如何为其提供 QoS 支持更是迫切需要解决的问题。QoS 路由的主要思想是首先选择满足用户各种 QoS 要求的到达目的节点的路径；其次，在路径建立后，若当前路径已经不能满足用户 QoS 需求，那么节点需要寻找新的路由。

7）基于地理位置信息的路由

与基于拓扑的路由协议相比，基于地理位置信息的路由参考节点的地理位置信息来传送数据包。基于地理位置信息的路由需要依靠全球定位系统（global position system，GPS）或类似的定位设备，从而增加了成本与复杂性，并且获得目的节点的位置信息还会给网络带来很大的开销。

2.2　无线 Mesh 网络中负载均衡技术

无线 Mesh 网络中可能造成负载不均衡的情况包括中央节点负载、网关负载及瓶颈节点负载[9-11]。

1）中央节点负载均衡技术

中央节点负载指的是与网络其他节点相比，靠近网络中央地理位置的节点负载过多。从本质上说该问题是由最短路径路由引起的。在最短路径路由协议中会选择源节点到目的节点之间尽量接近于一条直线的路径。然而在最短路径路由中，靠近网络中央的节点比更远处节点更多地处于这些最短路径路由上，因而成为竞争点。在静态无线 Mesh 网络中，处于很多路由上的节点会耗尽自身的资源，此外在电池能量有限的便携式节点中，负载均衡有更大的重要性。

2）网关负载均衡技术

网关节点将无线 Mesh 网络连接到有线网络，所以网关节点上的负载累积在本质上限制了无线 Mesh 网络的容量，同时，网关节点也会花费更多的电量来处理大量需要它转发的数据分组。因此，对网关处的负载进行有效的负载均衡可最大化利用网络容量，并减少网关节点资源的消耗。

3）瓶颈节点负载均衡技术

除了网关负载和中央节点负载，从更加局部来看，无线 Mesh 网络中还存在一些关键节点，如 MAP、网桥节点等。在此情况下局部负载的高度不均衡造成拥塞、丢包和缓存溢出现象，使得网络性能下降。

2.3　无线 Mesh 网络中负载均衡单径路由协议

2.3.1　路由判据

路由协议用来计算或找到源节点和目的节点间开销最小或权重最小的路径，其中开销或权重通过路由判据来定义。每条路径有一个路由判据，通常是路径中所有链路判据的总和，也可以采用链路判据的其他计算方式[12, 13]。

路由判据可以有多种。具有某些特殊性质的网状网可能需要某种特殊的路由判据，例如，对于使用多接口或多信道的网络。一些判据可能并不适用于所有的路由协议。下面是现有的无线 Mesh 网络路由判据。

1）跳数

跳数是经典的路由判据[14]，也很容易确定，但它并不提供任何与无线环境相关的信息，除非两个节点间有直接链路。

2）期望传输次数

期望传输次数（expected transmission count，ETX）[15]判据预测了某个链路上发送一个数据包需要传输的次数，其中包括了重传次数。ETX 由邮路的转发和反向发送的成功递交率计算。通过测量有固定长度的专用链路探测包，可以得到成功递交率 d_f（前向链路）和 d_r（反向链路）。每间隔一段时间，就广播一次 d_f 和 d_r 的值。节点可以计算出所有 d_r 值。探测包中也包含这些值，可以进一步得出 d_f 值。ETX 路由判据是路径中所有 ETX 链路判据之和。

3）期望传输时间

期望传输时间（expected transmission time，ETT）[16]判据可以视为一种具有带宽调整的 ETX 判据。每个节点给其邻节点周期性地发送两个紧挨着的探测包，可以说是每分钟发送一次。第一个探测包很小，第二个相对大些。要测量接收两个探测包的时间间隔，并将它发送给源节点。用第二个探测包的大小除以最后 10 个连续抽样中的最小值来估计数据传输速率。路径判据是路径中所有链路的 ETT 值之和。

4）加权累计期望传输时间

WCETT 判据是 ETT 判据的扩展。它试图通过限制或禁止使用在同一信道或射频有多个传输的路径，使流内干扰最小化。WCETT 是专门为多射频链路质量源路由协议研究的路由判据。

5）干扰和信道切换判据

干扰和信道切换（metric of interference and channel-switching，MIC）[17]判据对 WCETT 判据进行了改进，同时采用了流间干扰。其中包含两项：干扰感知资源利用率（interference-aware resource usage，IRU）和信道切换开销（channel switching cost，CSC）。

6）空中传播时间链路判据

空中传播时间链路（airtime link metric，ALM）[18]判据是当用某一链路传输一个帧时，消耗的信道资源的测量值。该判据是为 IEEE 802.11s WLAN 网状网标准提出的。

2.3.2 负载均衡单径路由协议

根据负载均衡的方式可将单径路由协议分为基于负载感知的路由协议、基于概率位置的路由协议和基于能量保护的路由协议。基于负载感知的路由协议根据感知到的网络负载情况对后续的网络业务流分配进行控制，通过选择一条业务流负载最轻的路由进行数据传输，以实现负载均衡。基于概率位置的路由协议在给定的源节点和目的节点对之间选择一条避开业务流瓶颈的最大概率路由，动态适应网络业务流强度的变化。基于能量保护的路由协议以各节点能量使用的公平性和优化为准则，为源节点和目的节点对选择一条能量充足的路由，在实现网络业务流均衡传输的同时延长网络的整体生存时间。

根据对负载进行感知时采用的不同计算方法，还可将基于负载感知的负载均衡路由分为以下四类：

（1）基于流的负载感知路由协议采用经过节点的路由数来间接度量节点的业务流负载；

（2）基于分组的负载感知路由协议使用缓存在节点接口队列中的分组数量作为网络负载；

（3）基于时延的负载感知路由协议通过路径中节点的估计时延来反映网络负载；

（4）基于本地信息的负载感知路由协议则根据信道利用率、缓存队列大小、活跃邻居节点数等本地信息来确定负载的轻重等级。

2.4　无线 Mesh 网络中的信道分配算法

2.4.1　多信道技术概述

众所周知，在 IEEE 802.11 系列技术标准中，都定义了不同数量的正交信道[19-22]。IEEE 802.11b 是无线局域网的一个标准，工作在 2.4000～2.4835GHz 频段，整个频段被划分成 11 个互相重叠的带宽为 30MHz 的信道。其中有 4 个互相正交的信道，允许的数据传输速率有 1Mbit/s、2Mbit/s、5.5Mbit/s 与 11Mbit/s。IEEE 802.11b 标准是目前最流行的无线局域网技术，在各种场合有着广泛的应用。IEEE 802.11g 标准兼容于 IEEE 802.11b，也工作于 2.4GHz 频段，但是其最高传输速率可达 54Mbit/s，工作在 5GHz 频段，有多至 12 个互不重叠的信道可以使用。

在单信道通信过程中，多个传输终端竞争信道介质，带来传输时延以及冲突，并且由于使用同一个信道，无线干扰严重，导致网络吞吐量下降。由于 IEEE 802.11a/b/g 标准可提供多个信道的使用，无线 Mesh 网络中各节点之间合理地分配不同的信道，这样可以降低信道间干扰，从而达到提高整个网络吞吐量的目的。

2.4.2　信道分配的基础

1）连接图

为了便于建模，假设无线 Mesh 网络中各个 Mesh 路由器分布在一个平面上，而且每个 Mesh 路由器都配置了一个或多个全向天线射频端，并假设所有的射频端都有一个覆盖范围（R）和一个相同的干扰范围（R'）。如果一个接收节点处于另外两个发射节点都可以覆盖的位置，那么分组传输就会产生相互干扰，这样就会导致接收端在接收分组数据时产生冲突，从而造成两个方向的分组接收都会失败，因此干扰范围是指分组传输无法成功译码时接收端的最近距离。单处于接收端干扰范围之内的任何一个路由器传输的分组数据都会对分组接收产生干扰，因此假设覆盖范围比干扰范围小，即 $R<R'$。

根据上面的假设，可利用间接的图形（称为连接图 G）来对各个 Mesh 节点间的连接关系进行建模。在连接图中，如果两个节点处于各自的覆盖范围之内，那么这两个节点就可以互连。通常，不同的连接图对应了不同的网络拓扑结构。

2）冲突图

由于无线介质的广播特性，传输过程会受到多址干扰的严重影响，因此可以利用冲突图对这种干扰进行建模[23]。冲突图是以连接图为基础的，第 5 章中给出了冲突图的概念，在连接图中，节点 x 和 y 之间的链路由圆点 l_{xy} 表示。本书利用节点和链路来表示连接图，用圆点和边来表示冲突图。如果连接图中两条链路之间存在干扰，那么冲突图中两个圆点之间就存在一条边。

3）干扰模型

两条链路间的干扰程度是由干扰模型决定的，干扰模型有两种：协议干扰模型和物理干扰模型[24]。其中，协议干扰模型是最简单也是最常用的模型，主要用来描述各种干扰；而物理干扰模型相对更加复杂，但是物理干扰模型可以得到更实用的图形。假设网络中所有节点都具有相同的干扰范围，如果节点 x 向节点 y 发送数据，那么只有当距离 y 节点 R'范围之内没有其他节点时，节点 x 到节点 y 的传输过程才能成功。另外，在 IEEE 802.11 标准中，如果使用请求/清除发送（request to send/clear to send，RTS/CTS）模式，那么在距离 x 节点 R'范围之内就没有其他节点发送数据。因此，如果节点 x 或节点 y 与节点 z 之间的距离小于 R'，那么协议干扰模型的冲突图中就包含了一个边 $e_{l_{xy}l_{xz}}$。

另外，在物理干扰模型中，冲突是无法用二进制数字来表示的。假设节点 x 需要向节点 y 发送数据，节点 x 的信号强度 SS_{xy} 是在节点 y 接收之后计算的。如果 $SNR_{xy}<SNR_{tresh}$，那么说明节点 x 到节点 y 的传输成功完成。其中，SNR_{tresh} 是两节点间信噪比的阈值；SNR_{xy} 是节点 y 从节点 x 接收到的信噪比。节点 y 处的总噪声 N_y 是指环境噪声 N_a 和干扰的总和，其中，干扰是由网络中的其他传输过程产生的。根据这种模型，只有当 $SS_{xy}/N_a<SNR_{tresh}$ 时，连接图中节点 x 和节点 y 之间才能建立链路 l_{xy}。

2.4.3 常见的信道分配方案

1）固定信道分配方案

固定信道分配方案负责为各个射频端永久地分配信道（或者保持一段时间，

这段时间等于射频切换时间），固定信道分配方案还可以进一步划分成公共信道分配方案和变化信道分配方案。

公共信道分配（common channel assignment，CCA）方案[25]是最简单的方案。在 CCA 方案中，每个节点的射频端都分配了相同的信道。例如，如果每个节点拥有两个射频端，那么每个节点都会使用相同的两个信道。CCA 方案的特点就是网络的连接性与单信道方法中的连接性相同，而且采用多信道技术可以提高网络的吞吐性能。但是，当每个节点中无重叠信道的数量远远高于有效射频端数量时，CCA 方案的这种特点就会受到限制。

变化信道分配（varying channel assignment，VCA）方案[26]中，不同节点的射频端可能分配不同的信道。但是，不同的信道分配方案可能会导致网络部署或者拓扑结构发生变化，这样就可能会延长各个 Mesh 节点之间的路由。常见的变化信道分配方案有集中式信道分配方案、拓扑控制方案、最小干扰信道分配方案、流量和干扰感知信道分配方案和拓扑设计与信道分配方案。

2）动态信道分配方案

与固定信道分配方案类似，动态信道分配方案也允许为所有节点随机分配信道，但是动态信道策略中的射频信道可以相互切换。因此，当动态信道分配策略中的各个节点之间需要通信时，就需要一个协调机制来确保这些节点处于相同的公共信道上。动态信道分配方案中的协调机制用来确保这些节点处于相同的公共信道上，协调机制可以要求所有的节点周期性访问一个预先确定的信道“集合”，以便为下一步的传输协商信道。另外一种协调机制，称为分割插入信道跳跃（slotted seeded channel hopping，SSCH）机制[27]，该机制主要采用了伪随机序列。在伪随机序列中，每个节点应该随着伪随机序列同步切换信道，这样所有的相邻节点都可以同步在相同的信道上。在 SSCH 机制中，各个接口必须具有快速同步信道切换功能。

3）混合信道分配方案

混合信道分配方案主要由静态信道分配方案和动态信道分配方案组成，其中一部分射频端采用静态信道分配方案，另一部分射频端采用动态信道分配方案。混合信道分配方案中可以根据固定射频端是否使用公共信道或可变信道来进一步划分。其中，固定射频端可以分配一个专用控制信道或数据和控制信道，而其他射频端则可以在各个信道之间动态切换。与静态信道分配方案相比，混合信道分配方案不仅可以支持简单的协调机制，还可支持动态信道分配机制。常见的混合信道分配方案有射频分配中的链路层协议（link layer protocol，LLP）[28]、干扰感知信道分配（BFS-CA）[29]。

2.4.4　路由和信道分配联合

在多射频多信道 WMN 中，路由和信道分配是相互依存的。路由取决于虚拟链路的容量，虚拟链路又由信道分配所确定。另外，信道分配取决于虚拟链路的预期负载，它又是受路由协议影响的。由于路由和信道分配间的环状依存关系，最大限度地提高网络吞吐量的联合路由和信道分配机制是可取的。目前，常见的多信道路由协议的典型代表有单收发器多信道路由协议（single-radio multi-channel routing protocol，MCRP）和多收发器多信道路由协议（multi-radio link quality source routing，MR-LQSR）。

1）单收发器多信道路由协议

MCRP 是在 AODV 路由协议基础上提出的单收发器多信道 WMN 路由协议。MCRP 只有一个收发器，即节点在某一时刻只能工作在一个信道上，为提升网络的性能和路由发现的概率，部分节点需要在数据传输时进行信道切换。该协议在网络层完成信道管理工作，MAC 层无须做任何改动，即可使用现有的 IEEE 802.11 DCF 协议。因为利用了多信道资源，网络的性能得到了极大的提升。该协议为不同的流分配不同的信道，所以在一个区域内，不同信道可以同时使用。该协议在某些场合不能充分发挥多信道的优势，但是此时的性能仍与原 AODV 单信道情况相似。在单信道网络中，若节点间存在一条路径，那么在多信道环境下，MCRP 也同样能找到该路径，且 MCRP 为流中的所有节点分配一个共同信道。MCRP 允许节点进行信道切换，但是并不允许某数据流的两个连续节点都进行信道切换，因为这将导致“盲区问题”。

2）多收发器多信道路由协议

MR-LQSR 是微软公司研发的多信道 WMN 路由协议，它采用一种新的路由性能判据，即 WCETT。WCETT 综合考虑了带宽等链路性能参数以及最小跳数等因素。该协议能在吞吐量与延时之间获得一种平衡。

MR-LQSR 是在传统的 DSR 路由协议的基础上改进得到的，但是它又不同于传统的 DSR 协议。该协议不但需要获得路径中节点和其他邻居链路的相关状态信息，还要综合链路状态信息来评价链路质量的优劣，从而形成自身的路由准则。相比之下，DSR 把路径中的节点和链路同等对待，简单地把其节点数目进行求和作为路由判定的准则，从而实现最短路径路由选择。MR-LQSR 假设 WMN 中所有的 Mesh 路由器（mesh router，MR）为静态节点，而且，该协议还假设每个节点有多个不同且互不干扰的无线收发器。

2.5 无线 Mesh 网络中负载均衡多径路由协议

2.5.1 多径路由

1）不相交性

多径路由具有良好的不相交性，各条路径各自独立、互不影响[30-32]。有两种类型的不相交多路径：节点不相交（node-disjoint）多路径和链路不相交（link-disjoint）多路径。节点不相交多路径是指各条路径除了共享源节点和目的节点之外，相互之间再没有任何其他的共享节点。链路不相交多路径是指各条路径相互之间没有任何共享链路，但是，链路不相交多路径可能有共享节点。

一般地，只要各条链路中断，各自独立、互不影响，那么最好使用链路不相交多路径。除了一个节点移动离开了所在的覆盖范围而使得该节点的多条输入/输出链路中断之外。节点不相交性实际上保证了各条链路中断，各自独立、互不影响。如果考虑负载均衡性能，那么使用节点不相交路由更为合适。但是，节点不相交性的实现条件比链路不相交性的实现条件苛刻得多。

2）多径路由的组成

多径路由包括三个组成部分：路由寻找、路由维护和流量分配。

（1）路由寻找与路由维护。

路由寻找与路由维护旨在一个源节点和目的节点对之间寻找多条路由进行数据传输[33, 34]。多径路由协议能够尽力寻找多条节点不相交路由、链路不相交路由，或者相交路由（具有公共节点和公共链路）。

不相交路由比相交路由具有一定优势。相交路由共享链路或者节点，因此其总资源可能少于不相交路由。理论上，节点不相交路由既没有共享节点，也没有共享链路，因此提供最大总资源。如果使用相交多径路由，那么一条链路中断或者一个节点失效将导致多条路由中断。而在节点不相交路由或者链路不相交路由中，一条链路中断只会导致一条路由中断。因此，节点不相交路由提供最高的容错能力。

相交路由的主要优点是易于寻找[35]，因为不要求路由是节点不相交或者链路不相交，所以在一个给定网络中，存在的相交路由多于节点不相交路由或者链路不相交路由。节点不相交要求比链路不相交要求严格，所以节点不相交路由最少，并且也最难寻找。研究表明，在密度适度的网络中，任意两个节点之间可能存在很少的节点不相交路由，特别是在节点间距离增大的时候节点不相交路由更少。这是因为节点间区域内节点稀疏，并且节点承担瓶颈节点的作用。如果在节点不相交路由与相交路由之间进行折中，那么链路不相交路由是两者的一个合适折中。

可以采用智能路径选择来提高多径路由的性能。例如，根据各种准则（如路径的特征以及与链路层的交互）选择使用某个路径子集。就容错能力来看，应该选择较可靠路径来减少路由中断。路径选择在 QoS 路由中起着重要作用，路径选择只选择能够满足 QoS 要求的路径子集[36]。

在源节点开始沿着多条路由发送数据之后，节点移动和链路中断、节点失效可能导致其中几条路由或者全部路由中断。就像单径路由那样，多径路由在发生路由中断的时候也必须进行路由维护。在多径路由中，每发生一次路由中断则触发路由寻找过程，或者所有路由全部中断后才触发路由寻找过程。等到全部路由中断才开始执行路由寻找过程需要经过一定时延后才能找到新路由。增加时延可能会降低应用的 QoS。但是，每发生一次路由中断就触发路由寻找进程则开销过大。发生 *M* 条路由中断才触发路由寻找过程可能是一种折中考虑，*M* 小于多径路由的总路由条数。

（2）流量分配。

源节点选定到达目的节点的一个路径集合后，可以立即采用这些路径发送数据。流量分配策略负责将数据分配到各条路径上传输，其中分配间隔的选择非常重要[37-40]。分配间隔指定分配到每条路径上的最小信息单元。例如，每个连接分配间隔（per-connection granularity）将一个连接的全部流量分配到一条路径上传输。每个分组分配间隔（per-packet granularity）将多个连接的分组分配到各条路径上传输。每个分组分配间隔的性能最好，这是因为每个分组分配间隔可以较好地控制网络资源。在每个连接情况下，所有连接经受不同的传输速率，所以很难将流量均匀地分配到各条路径上传输。但是，如果采用循环流量分配法，那么每个分组分配间隔可能导致分组乱序到达目的节点，因此需要对分组重新排序。

2.5.2 分簇算法

目前，无线 Mesh 网络的拓扑结构主要有平面结构和分级结构，因采用平面结构会在节点数目增多时加大路由的开销，且平面结构扩展性较差，目前多采用分级结构。由于分级结构的形成和维护依赖于分簇算法，所以分簇算法的好坏直接影响无线 Mesh 网络的各种性能指标[41-45]。

1）簇生成算法的评价标准

目前，衡量一个分簇算法的优劣主要有以下几个标准：簇结构的稳定性、簇首节点的数量、负载均衡度以及节电能力等[46-48]。

（1）簇结构的稳定性。

一个相对稳定的簇结构能够有效地降低由簇的重构带来的通信与电能开销，因而维持簇结构的稳定具有重要的意义。簇结构的稳定性用节电状态（一般来说，节电状态有簇首、簇成员与未定三种）变化频率以及簇首节电变化频率度量，分别定义为单位时间内节电状态变化次数、簇首节点变化次数。变化次数越小，簇结构的稳定性越好。

（2）簇首节点的数量。

在链路容量许可的情况下，簇首节点数目少的算法能有效地提高链路的利用率。但由于节点资源限制，簇首不可能服务所有邻居节点，即簇成员的数量应有一定的限制，如蓝牙协议，其主从结构限制了每个主节点只能同时服务 7 个成员节点。

（3）负载均衡度。

簇首的负载大小取决于其所支持的节点的多少。维护簇结构与簇间路由均需要消耗簇首一定的资源，因此不希望出现有的簇首过载、有的簇首却很清闲的状况。但节点经常性地加入/离开，因此很难使系统一直维持在良好的负载均衡状态。为了量化簇首负载的均衡程度，文献[49]提出了负载均衡度（load balancing factor，LBF）的概念：

$$\mathrm{LBF}=\frac{n_c}{\sum_i (x_i-u)^2} \tag{2.1}$$

式中，x_i 为簇首节点 i 的成员节点数；u 为簇首的平均邻居节点数量，$u=\dfrac{N-n_c}{n_c}$，N 为网络中的节点数；n_c 为簇首节点的数量，该值越大，表示负载均衡度越好。

2）典型分簇算法

现有分簇算法在分簇过程中大多显式地使用控制信息，即各节点通过周期性地交换控制信息来选择簇首，但也有些算法隐含地使用控制信息，即在正常的数据包中嵌入适当的控制信息。按照控制信息的使用方式，可将分簇算法分为主动分簇算法与被动分簇算法。早期提出的分簇算法有两个：最小标识符（lowest-id）优先算法和最大连接度（max-degree）优先算法。它们均以单个因素作为簇首选择的标准，性能较差。因此一些学者又提出了一些算法对这两个基本算法加以改进，如 Modified Lowest-ID 算法、HID（highest-id-with-traffic）算法、基于权值的分簇算法等。还有一些算法，其簇首的选择基本上与最小 ID 或最大连接度无关，如基于节点位置预测的分簇算法、基于节点移动性的分簇算法、基于链路稳定性的分簇算法、基于模式识别的分簇算法、基于节点移动性的分簇算法、基于链路稳定性的分簇算法。此外，k-hop 分簇与被动分簇也是分簇算法研究的两个方向。

（1）最小标识符优先算法。

最小标识符优先算法也称最小 ID（lowest-id，LID）算法[50]。在最小 ID 算法中，每个节点拥有一个全网范围内唯一的标识（ID），并周期性地向其邻居节点（在其接收范围内的节点）广播其 ID。这样，每个节点就可以将自己的 ID 与其直接邻居节点进行比较，如果发现自己的 ID 为最小的节点，则自动成为簇首节点。如果一个节点处于两个或多个簇首的发送范围之内，则称为网关节点。网关节点通常用于簇间的路由。

（2）最大连接度优先算法。

顾名思义，最大连接度优先算法簇首选择的标准是连接度[51, 52]，也就是一个节点的直接邻居个数。与最小 ID 算法一样，每个节点周期性地向其直接邻居节点广播自己的连接度，这样，每个节点就可以将自己的连接度与直接邻居节点进行相互比较，如果发现自己的连接度最大，则自动成为簇首节点，其邻居节点成为簇成员节点。

（3）改进的最小 ID 算法。

Lin 和 Gerla[49]提出了一种改进的最小 ID 算法。该算法基于以下假定：所有节点具有唯一的 ID，并且知道其 1-hop 邻居的 ID；节点发出的消息能在有限的时间内被其所有 1-hop 邻居正确接收；在分簇算法执行过程中，网络拓扑不发生变化。其分簇过程如下：首先，由网络中 ID 小于邻居的节点触发分簇过程，广播分簇消息；然后，每个节点监听分簇消息，并将 ID 最小的节点作为自己的簇首，广播加入消息。如果邻居节点中 ID 小于自己的节点不声明是簇首节点，那么该节点将自己设为簇首，并广播自己的分簇消息。

簇的维护按以下方式进行：任一簇内两个节点之间的通信至多 2-hop，新到的节点必须满足这个属性才能加入。如果一条链路断开，连接度最大的节点及其邻居仍留在原始簇中，这样该节点可以有效地接管以前簇首的角色。以前簇中的其他节点要么加入别的簇，要么生成新的簇。

（4）基于权值的分簇算法。

在最小 ID 算法的基础上，Basagni 提出了分布式分簇算法[53]，该算法假设每个节点具有唯一的权值，选择邻居节点中权值最大的节点作为簇首节点，虽然权值综合考虑了节点连接度和标识等因素，但并未对权值的计算进行深入的讨论。在 Turgut 等提出的基于权值的分簇算法中[54]，权值的计算考虑节点的连接度、移动速度、能源消耗以及簇成员限制等因素，并给出了权值中各项因素的计算方法，但每种因素在权值中所占的比重不确定，并且权值的计算和存储需要一定的代价。

（5）*k*-hop 分簇算法。

文献[55]和[56]提出了一种 *k*-hop 分簇算法。同一个簇内节点之间最多经过 *k*-hop 可达。该算法采用了图论的思想，网络拓扑分成多个相交（overlapping）的簇，并且无簇首。如果一个节点属于两个以上的簇，那么该节点称为边界节点（boundary node）。每个节点要维护一张邻居表、一张簇表、一张边界节点表以及一张路由表。节点间路由分为簇内路由与簇间路由两部分。簇间路由仅与边界节点有关。

路由协议中采用分簇算法的优点如下[57-59]：

（1）能有效地利用多信道大幅提高系统容量，优化网络带宽的应用、提高共享信道的利用率；

（2）能够有效地减少交换路由控制信息的开销，强化节点管理；

（3）容易实现局部网络同步；

（4）对多媒体服务提供有效的 QoS 服务；

（5）支持大规模的无线网络，具有可扩展性。

2.5.3　多径路由协议分类

根据使用路径的方式，不同的多径路由协议可分为备用路由协议和多径路由协议。

1）备用路由

备用路由是指在每个源节点和目的节点之间有一组路径，它们由一条主路径和多条备用路径组成。在建立好路由后，使用主路径传输数据，当主路径发生中断时，快速地切换到备用路径上。

2）多径路由

多径路由是指源节点同时使用多条路径传输数据。这种方式因能在更短时间内把数据分组传输完、减少网络的端到端延时而得到比较多的应用。

2.6　无线 Mesh 网络中的网关负载均衡

2.6.1　网关负载均衡概述

网关节点将无线 Mesh 网络连接到有线网络（一般是 Internet），所以网关节点上的负载累积本质上限制了无线 Mesh 网络的容量。除了受限的容量外，网关节点会花费更多的电量来处理大量它需要转发的数据分组，在电量受限的无线 Mesh 网络中，这种高电量耗费会使网关节点更快地失效[60-64]。因此，网关负载均衡对于取得以下目标有重大意义：

（1）有效的流量分配；

（2）回程链路的有效使用；

（3）网络容量的最大化利用；

（4）网关节点处资源消耗的最小化；

（5）克服由节点移动性造成流量不均衡的影响。

在具有多个网关节点的 WMN 中，负载均衡在网络中存在低带宽的回程链路时格外重要。回程网络可能具有不同的类型，例如，一个 WMN 可能使用多种回程链路，如有线网络链路、无线局域网链路、蜂窝网链路、数据码分多址（code division multiple access，CDMA）网络及卫星链路。网络的类型和特性决定着网关回程链路的带宽和时延。

由于网关处的流量负载和负载差异都是动态的参数，对负载不均衡程度的定量需要一个可以反映负载差异的参数。另外，网关可能用尽了它回程链路的带宽容量。在这种情况下，无论一个公平调度的解决方案还是拥塞控制的解决方案，对于避免经过网关节点中继数据分组的过大的时延问题都是必要的。

2.6.2 网关负载均衡策略

1）基于移动边界的负载均衡策略

基于移动边界的负载均衡（moving boundary-based load balancing，MBLB）策略的目标是定义各个网关的管辖范围，通过控制网关管辖范围来控制网关的负载。为了适应网关承载的流量变化，区域边界会周期性地进行更新。这种负载均衡策略主要有两种实现方法。一是基于最短路径的移动边界策略，在这种策略中，节点从收到的网关信息中选择一个距离自己跳数最小的网关；二是基于负载指数的移动边界策略，在这种策略中，网关周期性地广播自己的负载信息，其他节点根据网关的负载信息来选择自己的网关节点，因此负载小的网关将为更多的节点提供接入服务，负载重的网关将为更少的节点提供接入服务。

2）基于分区的负载均衡策略

基于分区的负载均衡（partitioned host-based load balancing，PHLB）策略通过将 WMN 中的节点分为若干个组，每个组只能通过某个特定网关通信的方法来实现网关的负载均衡，PHLB 与 MBLB 的主要区别就是在 PHLB 中分组没有一个明显的拓扑上的分界，每个组的节点都可能分布在全网络中。这种策略的两种主要方法是：一是集中式的分区算法，在这种方法中，存在一个中央服务器，对于所有的网关负载都清楚，同时为网络中所有节点分配网关，由中央服务器来保证网关负载的均衡；二是分布式的分区算法，在这种算法中，网关节点之间不停地交换着它们自身的负载信息，并且当某个网关负载较大时，会将自己管辖范围内的节点移交给所有网关中负载较小的一些节点。同时为了避免抖动，刚被移交过的节点需要过一段时间才能再次被移交。

3）基于概率分割的负载均衡策略

在这种方案中，节点试图将自己的流量分布到多个网关中。在之前的 MBLB 和 PHLB 中，每个节点只能利用一个网关进行数据传送，但是在这种方法中，节点可以选择将自己的数据流拆分，把其中一部分通过另外的网关发送。这种方案分为两种：一是全网络概率分割，在这种方案中，节点知道网络中所有网关的负载信息，同时节点将自己的数据流分割，以网关的负载为划分比例，将流量分配到多个网关中；二是边界节点概率分割，这种方案是概率分割和移动边界负载均衡策略的综合，节点首先按照 MBLB 中的方案选择网关，同时，对处于网关与网关边界处的节点进行概率分割。

2.7　本 章 小 结

本章为本书研究工作的相关理论基础知识。首先详细地介绍了无线 Mesh 网络中的负载均衡技术，然后分别讨论了无线 Mesh 网络中的一些相关技术，如无线 Mesh 网络中的负载均衡单径路由协议、无线 Mesh 网络中的负载均衡信道分配算法、无线 Mesh 网络中的负载均衡多径路由协议以及无线 Mesh 网络中的网关负载均衡策略。本章的综述为本书后续章节的研究提供了技术背景和相关研究简介，同时为其他研究者提供参考。

参 考 文 献

[1] 杨盘隆, 陈贵海. 无线网状网容量分析与优化理论研究[J]. 软件学报, 2008, 19(3): 687-701.

[2] 赵增华, 王楠, 窦志斌, 等. 基于 IEEE 802.11 的长距离无线 Mesh 网络[J]. 计算机学报, 2012, 35(6): 1209-1222.

[3] Bruno R, Conti M, Gregori E. Mesh networks: Commodity multihop Ad hoc networks [J]. IEEE Communications Magazine, 2005, 43(3): 123-131.

[4] 张勇, 郭达. 无线网状网原理与技术[M]. 北京: 电子工业出版社, 2007.

[5] 董超, 陈贵海, 王海. 无线网状网的 QoS 研究[J]. 软件学报, 2009, 20(6): 1539-1552.

[6] Luo J Z, Wu W J, Yang M. Optimization of gateway deployment with load balancing and interference minimization in wireless mesh networks [J]. Journal of Universal Computer Science, 2011, 17(14): 2064-2083.

[7] Vijayakumar K P, Ganeshkurmar P, Anandaraj M. Review on routing algorithms in wireless mesh networks [J]. International Journal of Computer Science and Telecommunications, 2012, 3(5): 87-92.

[8] Avokh A, Mirjalily G. Load-balanced multicast tree routing in multi channel multi radio wireless mesh networks using a new cost function [J]. Wireless Personal Communications: An International Journal, 2013, 69(1): 75-106.

[9] Jose N M, Josep M B. A survey on routing protocols that really exploit wireless mesh network features [J]. Journal of Communications, 2010, 5(3): 211-231.

[10] Benyamina D, Hafid A, Gendreau M. Wireless mesh networks design-a survey[J]. Communications Suevey & Tutorials, 2012, 14(2): 299-310.

[11] Hoang T M, Dinh V L, Nguyen K Q. A study on routing performance of 802.11 based wireless mesh networks under serious attacks [C]. 2013 International Conference on Computing, Management and Telecommunications, Ho Chi Minh, 2013: 295-297.

[12] Li Y J, Yang Y, Lu X L. Routing metric designs for greedy, face and combined-greedy-face routing [C]. International Conference on Computer Communications 2009, Rio de Janeiro, 2009: 64-72.

[13] Tian Q M. A new interference-delay aware routing metric for multi-interface wireless mesh networks [C]. 6th International Conference on Wireless Communications Networking and Mobile Computing, Chengdu, 2010: 1-5.

[14] de Couto D S J, Aguayo D, Bicket J, et al. A high-throughput path metric for multi-hop wireless routing [C]. Proceedings of the 9th Annual International Conference on Mobile Computing and Networking, New York, 2003: 134-146.

[15] Esposito P M, Campista M E M, Moraes I M, et al. Implementing the expected transmission time metric for OLSR

wireless mesh networks [C]. 2008 1st IFIP Wireless Days, Dubai, 2008: 1-5.

[16] Draves R, Padhve J, Zill B. Routing in multi-radio multi-hop wireless mesh networks [C]. Proceedings of the 10th Annual International Conference on Mobile Computing and Networking, Philadelphia, 2004: 114-128.

[17] Bicket J, Aguayo D, Morris R. Architecture and evaluation of an unplanned 802.11b mesh network[J]. Acm Mobicom Cologne Germany Augest, 2010, 36(1): 31-42.

[18] Dai F, Wu J. A highly reliable multi-path routing scheme for Ad hoc wireless networks [J]. The International Journal of Parallel, Emergent and Distributed Systems, 2005: 1-15.

[19] Kaabi F, Ghannay S, Filali F. Channel allocation and routing in wireless mesh networks: A survey and qualitative comparison between schemes [J]. International Journal of Wireless and Mobile Networks (IJWMN), 2010, 2(1): 132-150.

[20] Shi D H, Bagchi S. An optimization framework for monitoring multi-channel multi-radio wireless mesh networks [J]. Ad Hoc Networks, 2013, 11(3): 926-943.

[21] Ashraf U, Abdellatif S, Juanole G. Route maintenance in IEEE 802.11 wireless mesh networks [J]. Computer Communications, 2011, 34(13): 1604-1621.

[22] Pack S, Kim K, Kim W, et al. A cross-layer approach to reduce channel access delay jitter in IEEE 802.11 WLANs [J]. Wireless Personal Communications: An International Journal, 2013, 69(4): 1379-1390.

[23] Katzela J, Naghshineh M. Channel assignment schemes for cellular mobile telecommunications systems: A comprehensive survey [J]. IEEE Personal Communications, 1996, 3(3): 10-31.

[24] Jain K, Padhve J, Padmanabhan V N, et al. Impact of interference on multi-hop wireless network performance [C]. Proceedings of the 9th Annual International Conference on Mobile Computing and Networking, San Diego, 2003: 66-80.

[25] Raniwala A, Gopalan K, Chiueh T C. Centralized channel assignment and routing algorithms for multi-channel wireless mesh networks [J]. ACM Sigmobile Mobile Computing and Communications Review, 2004, 8(2): 50-65.

[26] Raniwala A, Chiueh T. Architecture and algorithms for an IEEE 802.11-based multi-channel wireless mesh network [C]. Proceedings IEEE 24th annual Joint Conference of the IEEE Computer and Communications Societies, Miami, 2005: 2223-2234.

[27] Bahl P, Chandra R, Dunagan J. SSCH: Slotted seeded channel hopping for capacity improvement in IEEE 802.11 Ad hoc wireless networks [C]. Proceedings of the 10th Annual International Conference on Mobile Computing and Networking, Philadelphia, 2004: 216-230.

[28] Kyasanur P, Vaidya N H. Routing and link-layer protocols for multi-channel multi-interface Ad hoc wireless networks [J]. ACM Sigmobile Mobile Computing and Communications Review, 2006, 10(1): 31-43.

[29] Kyasanur P, Vaidya N H. Routing and interface assignment in multi-channel multi-interface wireless networks [C]. IEEE Wireless Communications and Networking Conference, New Orleans, 2005: 2051-2056.

[30] He B, Xie B, Agrawal D P. Optimizing deployment of Internet gateway in wireless mesh networks [J]. Computer Communications, 2008, 31(7): 1259-1275.

[31] Yang P, Huang B. Multi-path routing protocol for mobile Ad hoc network [C]. 2008 International Conference on Computer Science and Software Engineering, Wuhan, 2008: 1024-1027.

[32] Wu J, Wang Y S. Social feature-based multi-path routing in delay tolerant networks [C]. INFOCOM 2012, Orlando, 2012: 1368-1376.

[33] Ganjali Y, Keshavarzian A. Load balancing in Ad hoc networks: Single-path routing vs. multi-path routing [C]. INFOCOM 2004, Hong Kong, 2004: 1120-1125.

[34] Nandiraju D S, Nandiraju N S, Agrawal D P. Adaptive state-based multi-radio multi-channel multi-path routing in Wireless Mesh Networks [J]. Pervasive and Mobile Computing, 2009, 5(1): 93-109.

[35] Cervera G, Barbeau M, Garcia-Alfaro J, et al. A multipath routing strategy to prevent flooding disruption attacks in link state routing protocols for MANETs [J]. Journal of Network and Computer Applications, 2013, 36(2): 744-755.

[36] Li Y J, Zhou L, Yang Y H, et al. Optimization architecture for joint multi-path routing and scheduling in wireless mesh networks [J]. Mathematical and Computer Modelling: An International Journal, 2011, 53(3/4): 458-470.

[37] Bahador B, Siavash K, Antonio C. On-line joint QoS routing and channel assignment in multi-channel multi-radio wireless mesh networks [J]. Journal of Computer Communications, 2011, 34(11): 1342-1360.

[38] Maia L C, Couto A F D. An innovative freight traffic assignment model for multimodal networks [J]. Computers in Industry, 2013, 64(2): 121-127.

[39] Lin L, Tian J. Stable-aware traffic assignment for multi-path routing in cognitive radio Ad hoc networks [C]. 2011 International Conference on Cyber-Enabled Distributed Computing and Knowledge Discovery, Beijing, 2011: 511-514.

[40] Dow C R, Lin P J, Hwang S F. An efficient k-level traffic control scheme with congestion awareness in wireless mesh networks [J]. International Journal of Ad Hoc and Ubiquitous Computing, 2013, 12(3): 129-140.

[41] Ryan F, Mashrur C, Anne D. Applying dynamic traffic assignment in modeling permit-restricted parking utilizing microscopic traffic simiulation [J]. Simulation, 2012, 88(8): 936-947.

[42] Birla Y, Narayan E, Saraswat K K. Clustering in wireless mesh networks [J]. VSRD International Journal of Computer Science & Information Technology, 2012, 2(5): 413-418.

[43] Tajima S, Higashino T, Funabiki N, et al. A WDS clustering algorithm for wireless mesh networks [C]. 2007 IFIP International Conference on Wireless and Optical Communications Networks, Singapore, 2007: 1-5.

[44] 郑凯, 王能, 刘爱芳. 一个基于 AODV 的渐进式分簇路由策略[J]. 通信学报, 2006, 27(1): 132-139.

[45] 胡渭琦, 邹仕洪, 程时端, 等. 基于 Cluster 的无线 Mesh 网络位置管理方法[J]. 软件学报, 2010, 21(6): 1404-1415.

[46] 程伟明, 周新运. 一个用于 Ad hoc 网络的分簇方法[J]. 计算机学报, 2005, 28(5): 864-869.

[47] Ulrik B, Marco G, Dorothea W. Experiments on graph clustering algorithms [C]. Lecture Notes in Computer Science, Berlin, 2003: 568-579.

[48] Krishna P, Vaidya N H, Chatterjee M, et al. A cluster-based approach for routing in dynamic networks [J]. ACM Sigcomm Computer Communication Review, 1997, 27(2): 372-378.

[49] Lin C R, Gerla M. Adaptive clustering for mobile wireless networks [J]. IEEE Journal on Selected Areas in Communications, 1997, 15(7): 1265-1275.

[50] Chatterjee M, Das S K, Turgut D. WCA: A weighted clustering algorithm for mobile Ad hoc networks [J]. Journal of Clustering Computing, 2002, 5(2): 193-204.

[51] Gerla M, Tsai T C. Multicluster, mobile, multidedia radio network [J]. ACM-Baltzer Journal Wireless Networks, 1995, 1(3): 255-265.

[52] Boukerche A. Performance evaluation of routing protocols for ad hoc wireless networks[J]. Mobile Networks and Applications, 2004, 9(4): 333-342.

[53] Basagni S. Distributed clustering for Ad hoc networks [C]. Proceedings of the International Symposium on Parallel Architectures, Algorithms and Networks, Washington, 1999: 310-315.

[54] Chatterjee M. An on-demand weighted clustering algorithm (WCA) for Ad hoc networks[J]. Journal of IEEE

Global Communications, 2000(3): 1-5.

[55] Sivavakeesar S, Pavlou G. A prediction-based algorithm to achieve quality of service in multihop Ad Hoc networks, 2002 [EB/OL]. http://pdfs.semanticscholar.org/668d/bed8bc19370f478bdbf7d71ed938e9a984fd.pdf[2012-11-04].

[56] Krishna P, Vaidya N H, Chatterjee M, et al. A cluster-based approach for routing in dynamic networks [J]. ACM Computer Communication Review, 1997, 27(2): 49-64.

[57] Chen G, Nocetti F G, Gonzalez J S, et al. Connectivity based k-hop clustering in wireless networks [C]. Proceedings of the 35th Hawaii International Conference on System Sciences, Big Island, 2002: 188-193.

[58] Ephremides A, Wieselthier J E, Baker D J. A design concept for reliable mobile radio networks with frequency hopping signaling [J]. Proceeding of the IEEE, 1987, 75(1): 56-73.

[59] McDonld A B, Znati T F. A mobility based framework for adaptive clustering in wireless Ad hoc networks [J]. IEEE Journal on Selected Areas in Communications, 1999, 17(8): 1466-1487.

[60] Feng Y X, Wang G X, Liu Z G, et al. A clustering algorithm applied to the management of mobile Ad hoc network [J]. Journal of Software, 2003, 14(1): 132-138.

[61] Drabu Y, Peyravi H. Gateway placement with QoS constraints in wireless mesh networks [C]. Proceedings of the 7th International Conference on Networking, Cancun, 2008: 46-51.

[62] Li F, Wang X, Li X Y, et al. Gateway placement for throughput optimization in wireless mesh networks [J]. Mobile Networks and Applications, 2008, 13(1/2): 198-211.

[63] Chen Z G, Zeng F. Minimum-cost gateway placement in wireless mesh networks with QoS constraints [J]. International Journal of Communication Networks and Distributed Systems, 2010, 4(4): 389-406.

[64] Targon V, Sanso B, Capone A. The joint gateway placement and spatial reuse problem in wireless mesh networks [J]. The International Journal of Computer and Telecommunications Networking, 2010, 54(2): 231-240.

第 3 章　无线 Mesh 网络中实现负载均衡的网关部署算法

网关部署问题是当前无线 Mesh 网络技术的研究热点，网关之间的负载均衡对无线 Mesh 网络吞吐量及性能的提升有重要意义。同时，为了后面更好地研究无线 Mesh 网络中的负载均衡路由算法，应首先研究无线 Mesh 网络中的网关部署算法。在已有的研究工作中，大部分以最小化网关部署数量为目标，网关之间的负载均衡鲜有考虑。为解决网关的负载均衡问题，本章首先提出了一种基于作用力的贪婪启发式分簇算法，随后提出了一种基于杂交粒子群优化的网关部署算法，以解决网关数量和负载均衡两方面问题。

3.1　引　言

无线 Mesh 网络的显著特点是网络中大部分流量汇聚于网关，网关是无线 Mesh 网络与 Internet 流量往来的桥梁，如图 3-1 所示，网关节点上的流量汇聚可能使在某些网关节点处产生负载不均衡。由于网关数量及性能有限，网关对往来流量的处理能力有限，网关常常成为网络性能的瓶颈。无线 Mesh 网络中，部署的网关节点越多网络性能越好，但成本也越高。在网关数量有限的情况下，网关部署位置的选择对网络性能有重要影响，往往在流量集中区域需要部署较多的网关节点。

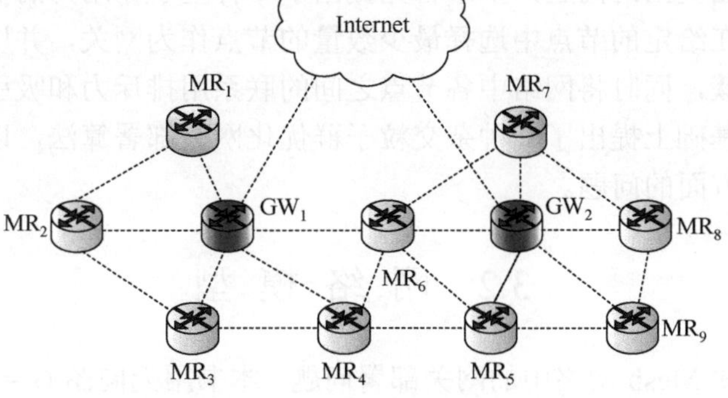

图 3-1　网络拓扑图

目前，网关负载均衡策略主要有三种：基于移动边界的负载均衡（基于最短路径的移动边界策略和基于负载指数的移动边界策略）、基于分区的负载均衡（基于集中式的主机分区负载均衡策略和基于分布式的主机分区负载均衡策略）、基于概率分割的负载均衡（全节点概率分割策略和边界节点概率分割策略）。文献[1]提出了一种基于节点分簇的网关部署算法，将无线 Mesh 网络中的节点分成最小数量的、不相交的簇，其中簇首为网关节点，在簇中建立以网关节点为根的生成树，簇中各节点以生成树中的路径进行数据转发。文献[2]提出了一种基于单机调度问题（single machine scheduling，SMS）的启发式算法，在满足 QoS 的约束条件下寻求最小的网关数目，首先，将骨干网初始化成不相交的簇，其次，将一些较小的簇合并到其他已有的簇中，若不能继续合并，就将某些较小的簇拆分，最后，进行移位操作，尽量将拆分后的簇合并到其他已有的簇中。以上两种算法从最小化网关数量方面来部署网关，并未考虑网关的负载均衡问题。文献[3]提出了一种满足干扰约束和支持负载均衡的网关部署策略——ICLB-GPS，在部署网关时消减链路干扰并实现网关负载均衡。ICLB-GPS 策略综合网关选择、转发树构建和转发树之间的节点迁移来完成负载均衡的网关部署。文献[4]提出了一种将遗传算法与贪婪算法结合的混合网关部署算法，通过精心设计各个进化操作，利用遗传算法在多目标寻优方面的优势，在较少迭代次数下可以达到网关数量和负载均衡两方面的优化。

由此可见，目前无线 Mesh 网络的网关部署问题主要有以下两点。

（1）网关节点的选择及数量，在已有的网络节点中合理选择若干节点部署为网关，这些网关节点必须为其他 Mesh 路由器节点提供有服务质量保证的 Internet 接入服务。同时，在无线 Mesh 网络中，网关节点越多其性能越好，成本也越高，因此要在给定的节点中，选择最少数量的节点作为网关。

（2）负载均衡，无线 Mesh 网络通过网关节点连接到外部网络上，网关是无线 Mesh 网络与 Internet 流量往来的桥梁，因此网关处的负载均衡对于提升带宽利用率和网络拓展性是非常重要的。

为解决上面提出的问题，本章首先提出了一种基于作用力的贪婪启发式分簇算法，该算法在给定的节点中选择最少数量的节点作为网关，并以这些网关节点为簇首进行分簇，同时将网络中各节点之间的联系用排斥力和吸引力区分开来。并在该算法的基础上提出了一种杂交粒子群优化网关部署算法，以解决网关数量和负载均衡两方面的问题。

3.2　网络模型

为研究无线 Mesh 网络中的网关部署问题，本书用无向图 $G=(V, E)$来表示无线 Mesh 网络骨干网，其中 $V=\{v_1, v_2, \cdots, v_N\}$表示网络中的路由器节点和网关节点，$N$ 为路由器节点和网关节点总的个数。边 e_{ij} 为无线 Mesh 网络中的节点 i 与节点 j 之间的双向链路，$e_{ij}\in E$，表明节点 i 与节点 j 分别在彼此的传输范围内，可以直接通信。假设无线 Mesh 网络中的节点分布在一个平面上，而且每个 Mesh 路由器都配置了一个或多个全向天线射频端，并假设所有的射频端都有一个覆盖范围 R 和一个相同的干扰范围 R'。如果一个接收节点处于另外两个发射节点都可以覆盖的位置，那么分组传输就会产生相互干扰。令覆盖范围小于干扰范围，即 $R < R'$。

本书将无线 Mesh 网络划分成几个互不相交的簇，网络中的所有节点将被簇中存在的所有网关节点所覆盖，网关节点只为簇中的普通成员节点提供 Internet 服务。$S = \{s_1, s_2, \cdots, s_k\}$ 表示网络中候选的网关集合，$k = |S|$ 为网络中候选网关节点的数目。Node(s_k)用来表示以网关节点 s_k 作为簇首的簇内普通成员节点集合，初始情况下为空。ε_i 用来记录分簇算法中节点 v_i 未被覆盖的次数，初始值为 0。

定义 3.1 k 跳干扰模型。目前，物理干扰模型（physical interference model）是最为准确的无线干扰模型。但由于其相关参数均为时变且位置相关的，难以准确在线获得，因此在无线网络中的应用受限。k 跳干扰模型则因为其简单性和直观性得到广泛应用。k 跳干扰模型中，若 $d(i,j)\leqslant k$，则节点 v_i 与 v_j 会相互产生干扰。

定义 3.2 节点干扰集合。本章使用集合 Neighbor(v_i, k)来记录节点 v_i 的 k 跳邻居集合，节点 v_i 的干扰节点集合 $\text{Interference}(v_i) = \{\text{Neighbor}(v_i,1)\cup\cdots\cup \text{Neighbor}(v_i,k)\}$。无线网络中，一般使用 2 跳干扰模型，因此节点 v_i 的干扰节点集合 $\text{Interference}(v_i) = \{\text{Neighbor}(v_i,1)\cup \text{Neighbor}(v_i,2)\}$。

定义 3.3 网关负载指数（index of balance load，IBL）。用来衡量无线网络中所有网关的负载均衡情况，IBL 的计算方法如式（3.1）所示：

$$\text{IBL} = \frac{\max\{\text{LI}_i\} - \min\{\text{LI}_i\}}{\max\{\text{LI}_i\}} \tag{3.1}$$

$$\text{LI}_i = \frac{\sum\limits_{k\in \mathbf{N}} \beta k_i \times T_k}{C_i}$$

式中，βk_i 为节点 k 的负载流量需要通过网关 i 发送的部分；T_k 为节点 k 产生的总流量负载；C_i 为连接到网关节点 i 的回程链路的容量或带宽。

LI 在本质上反映了节点 k 占用网关回程链路的比例，IBL 反映了网关处的负载差异。LI 的取值范围为 0～1，1 代表网关 100%负载。因此，一个负载均衡机制的目标就是在网关尽可能地用尽它的回程链路的带宽容量的条件下，使 IBL 的值尽量小。

定义 3.4 矩阵 A 为 $N\times L$ 阶矩阵，$A = \{a_{il}\}$，用来存放网络中节点的分簇情况，a_{il} 的取值为 0 或 1。若在分簇阶段中，经过计算后，节点 v_i 打算加入以网关

节点 s_l 作为簇首的簇中，则令 $a_{il}=1$；否则，令 $a_{il}=0$。初始情况下，矩阵 A 中所有元素的值均为 0。

3.3 一种基于作用力的贪婪启发式分簇算法

无线 Mesh 骨干网中路由器与网关的距离（跳数）越大，时延就越大，因此，为保证端到端时延，节点与网关之间的最短距离不能大于上界 R；同时，给簇内节点数量一个上界 D。f_i 表示网络中节点 i 的流量需求，节点需求负载越大，消耗的资源就越多，邻居节点将通过竞争来访问媒体资源。

限制条件：

（1）

$$\forall s_l \in S, \quad \sum_{v_i \in V} a_{il} \leqslant D$$

网络中簇内成员的个数不能超过 S。

（2）

$$\forall v_i \in V, \quad \sum_{l=1}^{K} a_{il} = 1$$

网络中任何一个 Mesh 节点必须有唯一属于自己的簇。

（3）

$$\forall v_i \in V, \quad \sum (d(i,k) \cdot a_{ij}) \leqslant R$$

簇内普通成员节点到簇首的最短距离不能大于上界 R。

3.3.1 万有引力的基本原理

万有引力定律（law of universal gravitation）是解释物体之间的相互作用引力的定律，是物体（质点）间引力质量引起的相互吸引力所遵循的规律。牛顿在前人（开普勒、胡克、雷恩、哈雷）研究的基础上，凭借他超凡的数学证明能力，在 1687 年于《自然哲学的数学原理》上发表了这一规律。牛顿的普适万有引力定律表示如下。

任意两个质点通过连心方向上的力相互吸引。该引力的大小与它们质量的乘积成正比，与它们距离的平方成反比，与两物体的化学本质或物理状态以及中介物质无关：

$$F = G\frac{m_1 m_2}{r^2} \tag{3.2}$$

式中，m_1、m_2 分别为两个物体的质量；r 为这两个物体之间的距离；G 为万有引力常数，为一固定值。万有引力定律中的距离是两个质点间的距离，如果是形状规则的均匀物体且相距较近，则应把 r 理解为几何中心的距离。如果是形状不规则的物体，则应把 r 理解为它们的重心的距离。

宇宙中各星系由于万有引力的存在，两个引力大的物体聚集在一起进而演化成星系。而本章将使用已知的网关节点作为簇首对无线 Mesh 网络进行分簇，普通的 Mesh 路由节点在选择自己的网关时通常是选择剩余带宽较大且距离较近的网关节点，从而加入由该网关节点作为簇首的簇。由此可见，宇宙中各星系的形成和本章中对网络中 Mesh 节点的分簇极为类似，每个星系可以看成网络中的一个簇。本章将无线 Mesh 网络中的节点看作 N 个质量均匀的点，不均匀地分布在网络空间中。网络中节点之间的影响使用吸引力和排斥力来表示。在使用万有引力定律计算节点之间的吸引力和排斥力时，式（3.2）中的质量用剩余带宽（被选作网关的节点）以及带宽需求（网络中的普通 Mesh 路由器节点）来表示。

3.3.2　作用力的计算

定义 3.5　吸引力 $F_{\text{attractive}}^{ik}$。吸引力用来表示网关对路由节点的吸引力，即网关与路由器之间存在吸引力，网关的剩余带宽越大，即负载越小，距离路由节点的距离越小，则对该路由节点的吸引力 $F_{\text{attractive}}^{ik}$ 越大，因此 $F_{\text{attractive}}^{ik}$ 的计算方法如式（3.3）所示：

$$F_{\text{attractive}}^{ik} = f_i \, \text{BW}(g_k) / (d(i,k)^2 u_{ki}) \tag{3.3}$$

式中，$\text{BW}(g_k)$ 表示网关节点 s_k 的剩余带宽；$d(i, k)$ 表示网络中路由器节点与网关节点之间的距离，即网络中路由器节点 i 与网关节点 s_k 之间的跳数；u_{ki} 为引力常数，为一固定值。

定义 3.6　排斥力 $F_{\text{repulsive}}^{ik}$。排斥力用来表示处于干扰范围内且在以网关节点 s_k 作为簇首的簇内的节点 v_j 对节点 v_i 的网络资源的竞争，即表示网络中两个路由器节点之间对网关节点的竞争，因此排斥力 $F_{\text{repulsive}}^{ik}$ 的计算方法如式（3.4）所示：

$$F_{\text{repulsive}}^{ik} = \sum_{j \in (\text{Interference}(v_i) \cap \text{Node}(s_k))} f_i f_j / (d(i,j)^2 u_{ji}) \tag{3.4}$$

式中，$d(i, j)$ 表示网络中两个路由器之间的距离，即表示网络中路由器节点 v_i 与路由器节点 v_j 之间的跳数；$\text{Interference}(v_i)$ 为路由器节点 v_i 的干扰节点集合；$\text{Node}(s_k)$

表示以网关节点 s_k 作为簇首的簇内普通成员节点集合；u_{ji} 为引力常数，为一固定值。

由于在算法比较时，不需要计算准确的吸引力（排斥力）大小，只是需要比较两个吸引力（排斥力）的相对大小，式（3.3）和式（3.4）中的 u_{ki} 和 u_{ji} 可以去掉，则吸引力和排斥力的公式变为

$$F_{\text{attractive}}^{ik} = f_i \text{BW}(g_k) / d(i,k)^2 \tag{3.5}$$

$$F_{\text{repulsive}}^{ik} = -\sum_{j \in (\text{Interference}(v_i) \cap \text{Node}(s_k))} f_i f_j / d(i,j)^2 \tag{3.6}$$

定义 3.7 合力 F_{ik}。合力用来表示路由节点 v_i 与网关节点 s_k 之间的联系。网络中的路由节点在选择自己所要归属的网关节点时应选择对自己吸引力较大的那一个，同时也要考虑路由节点之间的竞争（排斥力），因此，合力 F_{ik} 的计算方法如式（3.7）所示：

$$F_{ik} = F_{\text{attractive}}^{ik} + F_{\text{repulsive}}^{ik} \tag{3.7}$$

3.3.3 基于作用力的分簇算法

本书根据已知的网关节点作为簇首进行贪婪启发式分簇算法研究，初始条件下，令 $r = 1$，$\text{Node}(s_1) = \cdots = \text{Node}(s_k) = \varnothing$，具体算法描述如下。

Step1 对于网络中的任意一个网关节点 s_i，向自己的 r 跳邻居节点集合广播自己成为簇首的消息。

Step2 若中间节点 v_i 只接收到一个网关节点 s_i 成为簇首的消息，则直接加入该簇中，$\text{Node}(s_i) = \text{Node}(s_i) + \{v_i\}$。若接收到多个网关节点成为簇首的消息，则节点 v_i 首先要计算与接收到消息的网关节点的合力，选择加入合力最大的网关节点作为簇首的簇中。

Step3 $r = r + 1$，如果 $r < R$，则转向 Step2。

Step4 判断是否满足算法结束条件，即 $\text{Node}(s_1) \cup \cdots \cup \text{Node}(s_k) = V$。如果等式不成立说明网络有节点尚未被覆盖，将未被覆盖的节点集合，即 $V - \text{Node}(s_1) \cup \cdots \cup \text{Node}(s_k)$ 中所有节点的节点未被覆盖的次数加 1，并进行比较。选择未被覆盖次数 ε_i 值最大的节点，将其加入网关节点集合中，若所有节点 ε_i 的值相同，则从未被覆盖的节点集合中随机选择一个节点加入网关节点集合。重新启动贪婪启发式分簇算法，直到网络中所有节点被覆盖为止。

算法伪代码如下：

```
INPUT:Graph(V,E),the initial gateway node sequence
```

```
OUTPUT:Clusters
for each node i in V do
  for each node j in S
   calculate attraction force
    if (Number(Sj)<S&&d(i,j)<=R)
    associate nodes to the gateway it is attracted the most
    end if
  end for
end for
calculate the number of nodes that not connected
while the number of nodes that not connected>0 do
  for each node not connected do
   nbNodesNotConnected--
   check connectivity with other gateway j
   if(Number(Sj)<S&&d(i, j)<=R)
     associate to the one it is the most attracted to
   end if
   if not connected then
    nbNodesNotConnected++
   end if
  end for
end while
```

3.4　基于杂交粒子群优化的网关部署算法

1）粒子群优化算法简介

粒子群优化（particle swarm optimization，PSO）算法是一种基于集群智能（swarm intelligence，SI）方法的计算技术，最早是由美国学者 Eberhart 和 Kennedy 于 1995 年提出的[5]。粒子群优化算法的基本概念来源于对鸟群捕食行为的研究。使用本章提出的贪婪启发式分簇算法不容易实现网关数量和负载均衡两方面的优化，因此，本章又提出了一种基于粒子群优化的网关部署算法。

在粒子群优化算法中，群体中的每个个体都有一个速度（反映位置的改变），粒子根据速度在搜索空间运动。而且每个个体都有一个记忆单元，记下它曾经到达过的最优位置和其邻域中其他个体到达过的最优位置来改变自己的位置和速度，从而趋向全局最优值的聚集加速过程。由于“加速度”这个词主要用于物理中的粒子系统，粒子群优化算法的先行者就把每个个体称为 particle，群体称为 swarm，从而这种优化算法就被称为 PSO。

在 PSO 算法中，每个优化问题的解被看作搜索空间中的一个没有体积、没有质量的飞行粒子，所有的粒子都有一个被优化的目标函数决定的适应度值（fitness value），每个粒子还有一个速度决定它们飞行的方向和距离。PSO 算法初始化为一群随机粒子，然后粒子根据对个体和群体飞行经验的综合分析来动态调整自己的速度，在解空间中进行搜索，通过迭代找到最优解。在每一次迭代中，粒子通过跟踪两个“极值”来更新自己：一个是个体极值 pbest，即粒子自身目前所找到的最优解；另一个是全局极值 gbest，即整个种群中目前找到的最优解。

PSO 算法具有如下特点。

（1）PSO 算法搜索过程是从一组解迭代到另一组解，采用同时处理群体中多个个体的方法，具有本质的并行性。

（2）PSO 算法采用实数进行编码，直接在问题域上进行处理，无须转换，因此算法简单，易于实现。

（3）PSO 算法的各粒子的移动具有随机性，可搜索不确定的复杂区域。

（4）PSO 算法具备有效的全局/局部搜索的平衡能力，避免早熟。

（5）PSO 算法在优化过程中，每个粒子通过自身经验与群体经验进行更新，具有学习的功能。

（6）PSO 算法解的质量不依赖初始点的选取，保证收敛性。

（7）PSO 算法可求解带离散变量的优化问题，但是对离散变量的取整可能导致大的误差。

2）粒子的编码表示及其属性

本章使用长度为 $K(K=|S|)$的二进制串来表示粒子，每个粒子代表一种网关部署方案。假设某个粒子 X_i 的编码表示为 $X_i=(x_{i1},x_{i2},\cdots,x_{ik})$，也表示粒子在运动中的位置，$x_{ij}\in\{0,1\}$，$i\in\{1,2,\cdots,L\}$，$L$ 为种群中的粒子总数（本章取 $L=20$）。如果 x_{ij} 为“1”，表示粒子 i 所代表的网关部署方案中，路由器 j 部署为网关，否则为普通的路由器节点。

例如，$X_i=(0,1,0,0,1,0,0)$，表示在粒子 i 代表的网关部署方案中将第 2 个和第 5 个候选网关节点设置为网关节点。

在 PSO 算法中，每个粒子都有位置和速度两个属性，它们用 n 维向量表示。$X_i(t)$表示粒子 i 在 t 时刻的位置向量；$V_i(t)$表示粒子 i 在 t 时刻的速度向量；$P_i(t)$表示粒子 i 在 t 时刻的局部最优位置向量；$x_{ij}(t)$、$v_{ij}(t)$和 $p_{ij}(t)$分别与它们的第 j 维变量对应；$G(t)$表示 t 时刻的粒子群目前找到的最优解。

3）初始种群的产生

PSO 算法中，种群中的每个粒子就是一个有效的网关部署方案，因此本章使用 3.3 节提出的基于力的分簇贪婪算法来获得初始种群。算法中随机选择网络中的一个节点作为网关节点，然后运行贪婪启发式分簇算法，得到一种网关部署方案，即种群中的一个粒子。依次类推，直到产生 L 个粒子为止。

4）粒子的适应度函数

本章要实现的是网关数量和负载均衡两方面的优化，适应度函数直接反映粒子群中粒子的性能，粒子的适应度值越大，表示粒子所处的位置越好，即性能越好。因此，本章希望找到适应度值最大的粒子位置，适应度函数 $f(X_i)$的计算方法如式（3.8）所示：

$$f(X_i)=\frac{1}{\alpha\dfrac{n(x_i)}{N}+\beta\,\mathrm{IBL}},\qquad n(x_i)=\sum_{i=1}^{k}S_i \tag{3.8}$$

式中，IBL 为网络中网关的负载均衡指数；$n(x_i)$为网络中部署的网关节点的数量；α、β 为启发式因子，且 $\alpha+\beta=1$；S_i 为候选网关节点集合。

5）粒子位置和速度的更新公式

粒子 i 的速度更新公式为

$$v_{ij}(t+1)=wv_{ij}(t)+c_1r_1(p_{ij}(t)-x_{ij}(t))+c_2r_2(g_j(t)-x_{ij}(t)) \tag{3.9}$$

$$x_{ij}(t+1)=x_{ij}(t)+av_{ij}(t+1)$$

式中，c_1 和 c_2 为学习因子，是非负整数，通常取 $c_1=c_2=2$；r_1 和 r_2 是介于[0, 1]的随机数；$v_{ij}\in[-v_{\max}, v_{\max}]$，$v_{\max}$ 是一个常数，由用户设定，决定粒子在一个循环中最大的移动距离，本章令 $v_{\max}=4$；w 为非负数，称为惯性因子，由 Shi 和 Eberhart[6]提出，其值一般为 0.4～0.9，本章令 $w=0.8$；a 为约束因子，目的是控制速度的权重。

6）杂交粒子群优化算法

本章借鉴遗传算法的思想，将粒子群中的粒子赋予一个杂交概率，这个杂交概率由用户确定，与粒子的适应度无关。每次迭代依据杂交概率选取指定数量的粒子放入一个池中。池中的粒子随机两两杂交，产生同样数目的孩子粒子，并用孩子粒子代替父母粒子，以保持种群的粒子数目不变。孩子粒子的位置由父母粒子位置的算术加权和计算，即

$$\begin{cases}\mathrm{child}_1(x_i(t+1))=p_i\times\mathrm{parent}_1(x_i(t+1))+(1-p_i)\times\mathrm{parent}_2(x_i(t+1))\\ \mathrm{child}_2(x_i(t+1))=p_i\times\mathrm{parent}_2(x_i(t+1))+(1-p_i)\times\mathrm{parent}_1(x_i(t+1))\end{cases} \tag{3.10}$$

式中，p 是 K 维均匀分布的随机数向量，p 的每个分量都在[0, 1]取值。

孩子粒子的速度分别由下面的公式得到：

$$\begin{cases} \text{child}_1(v_i) = \dfrac{\text{parent}_1(v_i) + \text{parent}_2(v_i)}{|\text{parent}_1(v_i) + \text{parent}_2(v_i)|} \times |\text{parent}_1(v_i)| \\ \text{child}_2(v_i) = \dfrac{\text{parent}_1(v_i) + \text{parent}_2(v_i)}{|\text{parent}_1(v_i) + \text{parent}_2(v_i)|} \times |\text{parent}_2(v_i)| \end{cases} \tag{3.11}$$

式中，v 是 K 维的速度向量；$\text{child}_1(v_i)$、$\text{child}_2(v_i)$和 $\text{parent}_1(v_i)$、$\text{parent}_2(v_i)$分别表示孩子粒子和父母粒子的速度。

7）基于网络分簇的杂交粒子群的网关部署算法

本章的目标是寻找一种网关数量较少，又能实现网关负载均衡的网关部署方案，图 3-2 为本章提出的网关部署算法的流程图，而具体的网关部署算法描述如下。

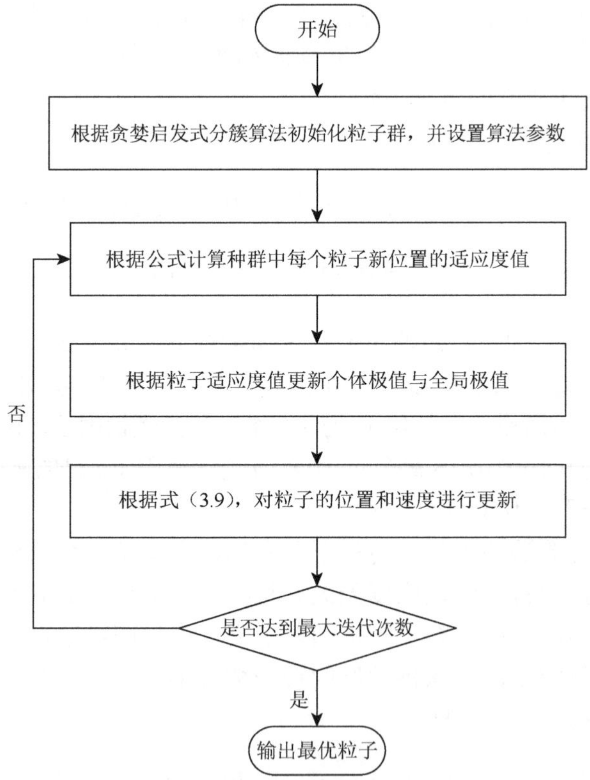

图 3-2　网关部署算法流程图

Step1 根据贪婪启发式分簇算法选择初始粒子群，设置初始粒子群的规模（$L=20$）、惯性因子（$w=0.8$）、加速系数（$c_1=c_2=2$）、最大移动距离（$v_{\max}=4$）、最大允许迭代次数（$C=150$）、杂交概率（$p=0.5$）。

Step2 根据式（3.8）计算粒子群中每个粒子的适应度函数，根据式（3.9）对粒子的位置和速度进行更新。

Step3 针对每个粒子，比较当前适应度值和其个体经历过的最好适应度值，若当前适应度值更优，则令当前适应度值为其个体历史最好的适应度值，并保存当前位置为其个体历史最好位置。

Step4 比较种群中所有粒子的当前适应度值和全局历史最好的适应度值，若某粒子的当前适应度值更优，则令该粒子的当前适应度值为全局历史最好适应度值，并保存该粒子的当前位置为全局历史最好位置。

Step5 使用杂交粒子群优化算法产生孩子粒子，根据本章提出的基于力的贪婪启发式分簇算法对网络拓扑重新进行分簇，然后重新计算孩子粒子的适应度值。

为保证算法的快速收敛，要保证产生的孩子粒子性能优于父母粒子。因此，在算法产生孩子粒子后，要比较孩子粒子和父母粒子的适应度值，若孩子粒子的适应度值高于父母粒子的适应度值，则产生的孩子粒子有效，否则杂交失败，为保证算法的继续进行，将该父母粒子标识为其孩子粒子。

判断算法是否达到终止条件，若未达到则转向 Step2，否则转向 Step6。

Step6 输出最优粒子，即最佳网关部署方案。

3.5　仿真环境与实验结果分析

3.5.1　仿真环境

本章采用 NS2 网络仿真工具搭建无线 Mesh 网络的仿真环境[7]，并在仿真的基础上对算法的有效性和性能进行分析。仿真环境中采用 IEEE 802.11s 的 MAC 协议，采用分布式协调机制，无线链路的传输速率为 54Mbit/s。仿真环境中部署了 PSO_Placement 算法和 SMS 算法。实验随机生成 200 个拥有 100 个网络节点的网络拓扑，候选网关节点的数量在总节点的 10%～30%内随机取值，根据网络中总节点的个数就可以计算出网络中候选网关和 Mesh 路由节点的个数。仿真环境中参数设置如表 3-1 所示。

表 3-1　仿真环境参数

参数	设定值
网络覆盖范围	800m×800m
数据传输速率	0～5Mbit/s
信道数目	12
信道带宽	10Mbit/s
接口数	2
数据传输范围	250m
干扰范围	500m
业务流个数	20
业务流类型	UDP
数据传输方式	CBR
节点移动模型	Random Way
仿真时间	500s
α	0.5
β	0.5
L	20
w	0.8
c_1	2
c_2	2
v_{max}	4
C	150
p	0.5

3.5.2　实验结果与分析

通过三个模拟实验对本章提出的算法（PSO_Placement）与文献[2]提出的网关部署算法进行性能测试：①网关负载均衡的比较；②网络吞吐量的比较；③平均路由发现延迟的比较。

1）网关负载均衡的比较

本章使用IBL来衡量网关处的负载均衡，一个负载均衡机制的目标就是使IBL的值尽量小，IBL 的计算方法如式（3.1）所示。

图 3-3 为 SMS 算法与 PSO_Placement 算法在负载均衡上的比较。根据图 3-3 所示的实验结果可以看出，由于使用基于力的贪婪启发式分簇算法，并在此基础

上使用杂交粒子群优化算法，因此本章提出的算法 PSO_Placement 取得的 IBL 值比 SMS 算法要小，PSO_Placement 算法的 IBL 值为 SMS 算法的 73%。由此可以看出，本章提出的 PSO_Placement 算法可以有效地实现网关处的负载均衡。

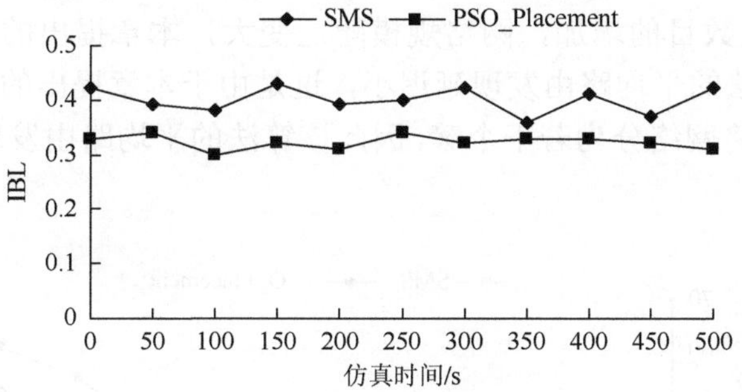

图 3-3　网关负载均衡的比较

2）网络吞吐量的比较

网络吞吐量是指在不丢包的情况下单位时间内网络数据包个数，是评价一个网络性能的重要参数，网络吞吐量依赖于当前网络的负载情况。

图 3-4 为 SMS 算法与 PSO_Placement 算法在网络吞吐量上的比较。从图 3-4 所示的实验结果可以看出，本章提出的 PSO_Placement 算法的网络吞吐量为 SMS 算法的 1.2 倍，这是由于本章提出的 PSO_Placement 算法有效地实现了网关处的负载均衡，因此 PSO_Placement 算法提高了网络吞吐量，改善了网络的传输性能。

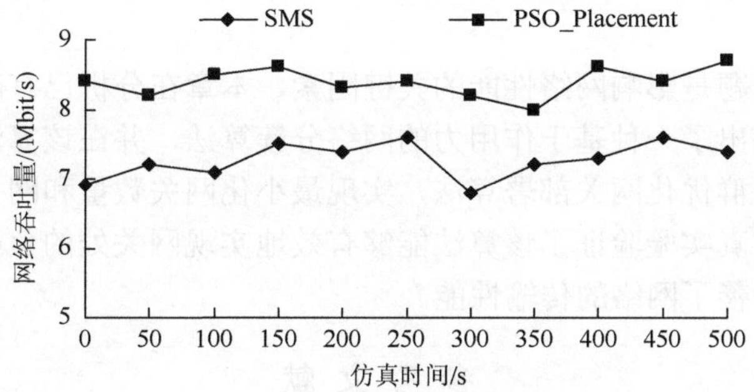

图 3-4　网络吞吐量的比较

3）平均路由发现延迟的比较

平均路由发现延迟（average route acquisition latency）是仿真期间所有路由延迟的平均值。路由延迟是指节点从发送 RREQ 查找路由开始一直到收到目的节点的 RREP，路由找到这一段时间延迟。若节点一开始就有了到达目的节点的路由，则该路由延迟为 0。从该指标可看出路由协议找到路由的速度。

图 3-5 为 SMS 算法与 PSO_Placement 算法在不同网络节点数目下的平均路由发现延迟的变化情况。仿真结果表明，平均路由发现延迟随着网络节点数目的增加而提高。当网络中节点数目较少时，两种算法的平均路由发现延迟差距不大。但随着网络节点数目的增加，网络规模随之变大，本章提出的 PSO_Placement 算法比 SMS 算法的平均路由发现延迟小，这是由于本章提出的多径路由算法使用了分簇策略，将网络分为若干个簇，因此该算法的平均路由发现延迟要比 SMS 算法小。

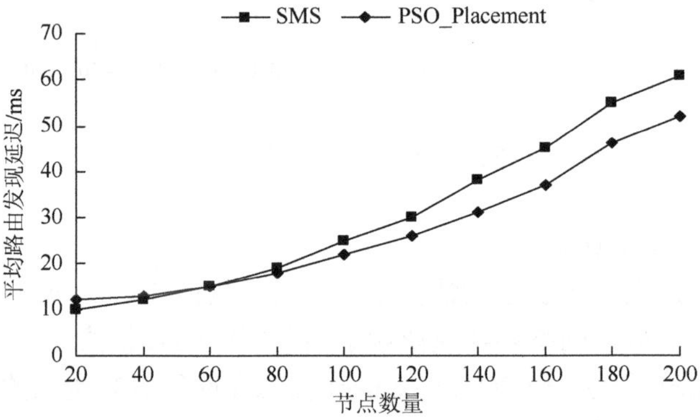

图 3-5　平均路由发现延迟的比较

3.6 本 章 小 结

网关部署问题是影响网络性能的关键因素，本章在分析已有网关部署算法的基础上，首先提出了一种基于作用力的网络分簇算法，并在该算法的基础上提出了一种杂交粒子群优化网关部署算法，实现最小化网关数量和网关之间的负载均衡。最后通过仿真实验验证了该算法能够有效地实现网关处的负载均衡，提高了网络吞吐量，改善了网络的传输性能。

参 考 文 献

[1] Bejerano Y. Efficient integration of multihop wireless and wired networks with QoS constraints [J]. IEEE/ACM Transactions on Networking, 2004, 12(6): 1064-1078.

[2] Drabu Y, Peyravi H. Gateway placement with QoS constraints in wireless mesh networks[C]. Seventh International Conference on Networking, Cancun, 2008: 45-51.

[3] 吴文甲，杨明，罗军舟，等. 干扰约束和负载均衡的无线 Mesh 网络网关部署策略[J]. 计算机学报，2012, 35(5): 883-897.

[4]　曾峰, 陈志刚, 赵明, 等. 无线Mesh网中实现网关负载均衡部署的混合算法[J]. 系统仿真学报, 2009, 21(10): 3029-3034.

[5]　Kennedy J, Eberhart R C. Particle swarms optimization[C]. Proceedings of IEEE International Conference on Neural Networks, 1995: 1942-1948.

[6]　Shi Y, Eberhart R. A modified particle swarm optimizer[C]. IEEE International Conference on Evolutionary Computation, Anchorage, 1998: 69-73.

[7]　The network simulator-ns-2 [EB/OL]. http://www.isi.edu/nsnam/ns[2010-03-04].

第4章 无线Mesh网络中混合负载均衡路由算法的研究

本章在研究已有的无线 Mesh 网络路由算法及第 3 章提出的网关部署算法的基础上，针对无线 Mesh 网络中路由协议的负载均衡问题，首先提出了一种基于剩余负载率的单信道路由算法，并将该路由算法应用到融合遗传算法和蚁群算法的路由算法当中，利用遗传算法生成初始解，并将其转换为蚁群算法的信息素初值，最后利用蚁群算法求得最优解。

4.1 引　　言

无线 Mesh 网络是无线通信领域新的发展方向，与传统无线局域网相比，它的灵活性更好、可靠度更高、性能更好，成为 Internet“最后一公里”延伸的重要选择。在无线 Mesh 网络中，负载均衡对有效利用网络容量来说是至关重要的。无线 Mesh 网络的负载均衡不仅要求网关之间的负载均衡，还要求 Mesh 路由器之间的负载均衡。路由算法是实现网关及 Mesh 路由器负载均衡的主要技术。

无线 Mesh 网络中的负载均衡路由问题是一个 NP 难问题，一般对该问题的解决采用启发式算法。蚁群算法作为一种新颖的自激励启发式算法，不依赖于具体的数学描述，具有全局优化和本质上的并行性等优点，近年来，一些学者提出了许多新的基于蚁群算法的路由算法。但蚁群算法搜索初期信息素匮乏，导致搜索初期积累信息素时间较长，求解速度慢。遗传算法提供了一种求解复杂系统优化问题的通用框架，它不依赖于问题的具体领域，对问题的种类有很强的鲁棒性，所以被应用于很多科学领域。一些学者对使用遗传算法解决路由问题进行了探讨，但在无线 Mesh 网络中的应用还较少。遗传算法具有快速全局搜索能力，但是对于系统中的反馈信息却没有利用，往往导致大量无为的冗余迭代，求精确解效率较低。为克服这两种算法的缺点，形成优势互补，首先利用遗传算法的随机搜索、快速、全局收敛性产生有关问题的初始解，并将其转化为蚁群算法的初始信息素分布，然后利用蚁群算法的并行性、正反馈机制以及求解效率高等特征寻求最优解。

因此，综合以上分析，本章首先提出了一种基于剩余负载率（leftover load rate，LLR）的路由算法。并将该路由算法应用到融合遗传算法和蚁群算法的路由算法当中，提出一种无线 Mesh 网络中混合负载均衡路由算法（LLR_GAACO），该算法中使用遗传算法的结果并经过计算，将其转变为蚁群算法的信息素初始值，最后使用蚁群算法获得路径的最优解。

4.2 网络模型

本章将无线 Mesh 网络抽象成一个无向图 $G(V, E)$，其中，$V = \{v_1, v_2, \cdots, v_N\}$ 为无线 Mesh 网络中的节点集合；$E = \{e_1, e_2, \cdots, e_m\}$为网络中的有向链路集。$N = |V|$表示用户的总数量。假设无线 Mesh 网络中的节点分布在一个平面上，而且每个 Mesh 路由器都配置了一个或多个全向天线射频端，并假设所有的射频端都有一个覆盖范围 R 和一个相同的干扰范围 R'。如果一个接收节点处于另外两个发射节点都可以覆盖的位置，那么分组传输就会产生相互干扰。令覆盖范围小于干扰范围，即 $R < R'$。$e_{ij} \in E$，当且仅当 $d(i, j) \leqslant R'$。

为了将蚁群算法应用于无线 Mesh 网络，网络中节点使用信息素表格代替原来的路由表格。信息素以概率的形式体现，蚂蚁沿着一条路径释放信息素，相当于更新节点信息素表中的相应条目。信息素表的结构如表 4-1 所示，每个节点拥有一个保存到达每个目的地的从所有邻居节点选择下一跳的概率。每一行对应于一个邻居节点，每一列对应于一个目的地。表 4-1 中间的记录值为蚁群算法中的路径选择概率。

表 4-1　信息素表的结构

N'_k	源节点或者目的节点			
	1	2	…	m
1	τ_{11}	τ_{12}	…	τ_{1m}
2	τ_{21}	τ_{22}	…	τ_{2m}
⋮	⋮	⋮		⋮
n	τ_{n1}	τ_{n2}	…	τ_{nm}

4.3 基于剩余负载率的路由算法

4.3.1 剩余负载率

无线 Mesh 网络中节点的负载情况反映了其当前的繁忙程度，路径选择时应尽量选择相对空闲的节点，从而避免出现网络拥塞。因此，无线 Mesh 网络应使用自适应的负载均衡路由算法，尽量选择与节点距离较近且相对空闲的通信链路建立路由。

定义 4.1 节点剩余负载率表示无线 Mesh 网络中各个节点的负载情况。节点剩余负载率就是节点的剩余负载占网络中总的剩余负载的比率。节点的剩余负载为该节点 MAC 缓冲区中剩余队列的长度。剩余负载率作为负载状态的评价标准，不仅能够考虑到动态负载均衡对节点的动态预测能力和自适应能力，而且兼顾了静态负载均衡的优点。网络中节点剩余负载率的计算方法如下所示：

$$\sigma_i = \frac{\text{Left\_}L(i)}{\sum\limits_{j\in V}\text{Left\_}L(j)} \tag{4.1}$$

$$\text{Left\_}L(i) = L\text{\_MAC} - L(i) \tag{4.2}$$

式中，$\text{Left_}L(i)$表示节点 i 在 MAC 缓冲区中剩余的队列长度；$L\text{\_MAC}$ 表示路由协议中 MAC 缓冲区中队列允许的最大长度；$L(i)$表示节点 i 在 MAC 缓冲区中队列的实际长度；V 表示无线 Mesh 网络中所有节点的集合；σ_i 的值越大，表明该节点越空闲，可接受的负载能力越强。

定义 4.2 链路剩余负载率表示无线 Mesh 网络中两个相邻节点间链路的剩余负载率，计算方法如式（4.3）所示：

$$\text{Left\_}e_{ij} = \frac{\sigma_i\sigma_j}{\sigma_i + \sigma_j} \tag{4.3}$$

当一条链路两端节点的剩余负载率处于较高或平衡的状态时[1]，我们认为这两个节点当前的处理能力都较强或者至少相互匹配，表明该链路可接受的负载能力较强，具有较高的传输保障。反之，如果链路两端节点的剩余负载率差异过大，由于传输质量由发送方和接收方共同决定，剩余负载率大的节点会被剩余负载率小的节点所拖累，导致资源的浪费，该链路的剩余负载率就会降低。

定理 4.1 当一条链路两端节点的剩余负载率处于较高或者平衡状态时，$\dfrac{\sigma_i\sigma_j}{\sigma_i+\sigma_j}$的值较大。

证明 假设无线网状网网络中存在两条链路(v_i, v_j)和(v_m, v_n)，令 $\eta_{ij} = \dfrac{\sigma_i\sigma_j}{\sigma_i+\sigma_j}$。

（1）当$|\sigma_j-\sigma_i|=|\sigma_n-\sigma_m|=\varepsilon$且$\sigma_i+\sigma_j \geqslant \sigma_m+\sigma_n$时，$\sigma_i\sigma_j = \dfrac{(\sigma_i+\sigma_j)^2-(\sigma_i-\sigma_j)^2}{4} = \dfrac{(\sigma_i+\sigma_j)^2-\varepsilon^2}{4} \geqslant \dfrac{(\sigma_m+\sigma_n)^2-\varepsilon^2}{4} = \sigma_m\sigma_n$，即 $\sigma_i\sigma_j \geqslant \sigma_m\sigma_n$。

令 $\sigma_m\sigma_n = e, e \geqslant 0$，则构造函数 $f(e) = \dfrac{e}{\sqrt{\varepsilon^2 + 4e}}$，求导得 $f'(e) = \dfrac{\varepsilon^2 + 2e}{(\varepsilon^2 + 4e)^{\frac{3}{2}}}$，由 $e \geqslant 0$ 可得 $f'(e) \geqslant 0$。因此，函数 $f(e)$ 在 $e \geqslant 0$ 区间内为单调递增函数，由此可得 $f(\sigma_i\sigma_j) \geqslant f(\sigma_m\sigma_n)$，即 $\eta_{ij} \geqslant \eta_{mn}$。说明当链路两端节点的剩余负载率差值一定，即处于平衡状态时，两端节点剩余负载率之和较大的 η_{ij} 值较大。

（2）当 $\sigma_i+\sigma_j=\sigma_m+\sigma_n=\delta$ 且 $|\sigma_j-\sigma_i| \leqslant |\sigma_n-\sigma_m|$ 时，$\sigma_i\sigma_j = \dfrac{(\sigma_i+\sigma_j)^2-(\sigma_i-\sigma_j)^2}{4} = \dfrac{\delta^2-(\sigma_i-\sigma_j)^2}{4} \geqslant \dfrac{\delta^2-(\sigma_m-\sigma_n)^2}{4} = \sigma_m\sigma_n$，即 $\sigma_i\sigma_j \geqslant \sigma_m\sigma_n$。

令 $\sigma_m\sigma_n = e, e \geqslant 0$，则构造函数 $f(e) = \dfrac{e}{\delta}$，求导得 $f'(e) = \dfrac{1}{\delta} \geqslant 0$。因此，函数 $f(e)$ 在 $e \geqslant 0$ 区间内为单调递增函数，由此可得 $f(\sigma_i\sigma_j) \geqslant f(\sigma_m\sigma_n)$，即 $\eta_{ij} \geqslant \eta_{mn}$。说明当链路两端节点的剩余负载率之和即高低水平一定时，两端节点剩余负载率差值较小的 η_{ij} 值较大。

综上所述，当一条链路两端节点的剩余负载率处于较高或者平衡状态时，$\dfrac{\sigma_i\sigma_j}{\sigma_i+\sigma_j}$ 的值较大。从定理 4.1 的证明可知，表达式 $\dfrac{\sigma_i\sigma_j}{\sigma_i+\sigma_j}$ 确实能够用来表示本章所定义的链路的剩余负载率。

定义 4.3　路径剩余负载率表示无线 Mesh 网络中从源节点 s 到目的节点 d 的一条路径的剩余负载率，本章使用组成该条路径的所有链路中剩余负载率最小的链路作为路径剩余负载率，计算方法如式（4.4）所示：

$$\text{Left\_Path}(s,d) = \min\{\text{Left\_}e_{ij}, e_{ij} \in \text{Path}(s,d)\} \tag{4.4}$$

式中，Path(s, d) 为该路径中从源节点 s 到目的节点 d 的所有链路集合。

4.3.2　基于剩余负载率的路由算法计算方法

为更好地实现无线 Mesh 网络的负载均衡，本章根据节点剩余负载率提出了一种新的路由判据——LLR_Metric，该路由判据既考虑了节点的剩余负载率又考虑了距离目的节点的跳数，计算方法如式（4.5）所示：

$$\text{LLR\_Metric} = \text{Left\_Path}(s,d) + n\frac{1}{h(\text{hop})} \tag{4.5}$$

式中，h(hop) 为该路径中从源节点 s 到目的节点 d 的跳数。由此可见，基于剩余负载率路由算法 LLR 中最优路径的选择倾向于剩余负载率较大、跳数较小的路径。

4.4 融合遗传算法与蚁群算法的负载均衡路由算法

4.4.1 遗传算法设计规则

遗传算法是一种基于自然选择和群体遗传机理的搜索算法，它模拟了自然选择和自然遗传过程中的繁殖、杂交和突变现象。遗传算法模仿生物的遗传、进化原理，并引用了随机统计原理，在求解过程中，遗传算法从一个初始变量群体开始，一代一代地寻找问题的最优解，直到满足收敛判据或预先假定的迭代次数为止。本章使用遗传算法产生蚁群路由算法的初始解。

1）遗传算法简介

遗传算法（genetic algorithm，GA）是模拟达尔文生物进化论的自然选择和遗传学机理的生物进化过程的计算模型[2]，是一种通过模拟自然进化过程搜索最优解的方法，由密歇根大学的约翰 • 霍兰德和他的同事于 20 世纪 60 年代在对细胞自动机（cellular automata）进行研究时率先提出，并于 1975 年出版了颇有影响的专著 *Adaptation in Natural and Artificial Systems*，GA 这个名称才逐渐为人所知，约翰 • 霍兰德和他的同事所提出的 GA 通常为简单遗传算法（simple genetic algorithm，SGA）。在 20 世纪 80 年代中期之前，对于遗传算法的研究还仅仅限于理论方面，直到在伊利诺伊大学召开了第一届世界遗传算法大会。随着计算机计算能力的发展和实际应用需求的增多，遗传算法逐渐进入实际应用阶段。1989 年，《纽约时报》作者约翰•马科夫写了一篇文章描述第一个商业用途的遗传算法——进化者。之后，越来越多种类的遗传算法出现并被用于许多领域中，《财富》杂志 500 强企业中大多数都用它进行时间表安排、数据分析、未来趋势预测、预算以及解决很多其他组合优化问题。

遗传算法是从一个初始种群开始的，该初始种群为代表该问题可能潜在的解集，而一个种群则由经过基因编码的一定数目的个体组成。每个个体实际上是染色体带有特征的实体。染色体作为遗传物质的主要载体，即多个基因的集合，其内部表现（即基因型）是某种基因组合，它决定了个体形状的外部表现，如黑头发的特征是由染色体中控制这一特征的某种基因组合决定的。因此，在一开始需要实现从表现型到基因型的映射即编码工作。仿照基因编码的工作很复杂，因此往往需要进行简化，如二进制编码，初代种群产生之后，按照适者生存和优胜劣汰的原理，逐代演化产生出越来越好的近似解，在每一代，根据问题域中个体的适应度大小选择个体，并借助于自然遗传学的遗传算子进行组合交叉和变异，产生代表新的解集的种群。这个过程将导致种群像自然进化一样的后生代种群比前代更加适应于环境，末代种群中的最优个体经过解码，可以作为问题近似最优解。遗传算法的基本步骤如下：

（1）初始化群体；

（2）计算群体上每个个体的适应度值；

（3）按由个体适应度值所决定的某个规则选择将进入下一代的个体；

（4）按概率 P_c 进行交叉操作；

（5）按概率 P_m 进行变异操作；

（6）若没有满足某种停止条件，则进入步骤（2），否则进入步骤（7）；

（7）输出种群中适应度值最优的染色体作为问题的满意解或最优解。

2）编码

遗传算法不能直接处理解空间的数据，因此必须通过编码将它们表示成遗传空间的基因型串结构数据。遗传算法中常见的编码方式有固定长度的二进制符号串和实数编码方法。

本章采用实数编码方法，它以从源节点 s 到目的节点 d 的路径上的节点序列作为遗传算法中染色体的编码，因此，一条从源节点到目的节点的有效路径就是一条染色体。如图 4-1 所示，从源节点 s 到目的节点 d 的一条有效染色体编码为(1, 2, 4, 5)或(1, 3, 4, 5)。

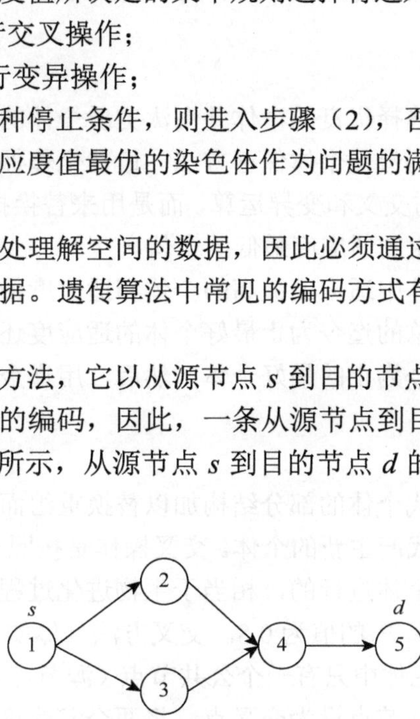

图 4-1　路径编码示意图

3）适应度函数

在遗传算法中，适应度函数是用来区分种群中个体好坏的标准，是进行选择的唯一依据。性能好的个体适应度函数值大，性能差的个体适应度函数值小。根据适应度函数值的大小，确定某些个体是繁殖还是消亡。适应度函数的计算方法如式（4.6）所示：

$$f(k) = a\,\text{Left\_}P^k(s,d) + b\frac{\sum\limits_{(i,j)\in k}\text{Left\_}e_{ij}}{h(\text{hop})\sum\limits_{i\in Q}\text{Left\_}L(i)} + c\frac{1}{\text{Delay}(k)} \qquad (4.6)$$

式中，Left_$P^k(s, d)$为从源节点 s 到目的节点 d 的路径集合中第 k 条路径的剩余负载率，计算方法见式（4.4）；Left_e_{ij} 为链路 e_{ij} 的剩余负载率；Delay(k)为路径 k

的延时；$a+b+c=1$。因此，适应度函数既要考虑路径的剩余负载率、延迟，也要考虑路径的整体剩余负载率、跳数。

4）初始种群的生成

由于遗传算法的群体操作需要，进化开始前必须准备一个由若干初始解组成的初始群体。为加速算法的收敛，本章使用基于剩余负载率路由判据 LeftLB_Metric 的路由算法生成从源节点 s 到目的节点 d 的 M 条路径作为遗传算法的初始种群，其中 M 为种群规模。

5）选择算子

选择是指从群体中选择优良的个体并淘汰劣质个体的操作，它建立在适应度评估的基础上，本章使用最佳个体保存方法。最佳个体保存方法是当前群体中适应度最高的个体，不参与交叉和变异运算，而是用来替换掉本代群体中经过交叉、变异等遗传操作后所产生的适应度最低的个体。

首先，找出当前群体中适应度最高的个体和适应度最低的个体，若当前群体中最佳个体的适应度比总的迄今为止最好个体的适应度还要高，则以当前群体中的最佳个体作为新的迄今为止的最好个体；然后，用迄今为止的最好个体替换掉当前群体中的最差个体。

6）交叉算子

交叉是指把两个父代个体的部分结构加以替换重组而生成新个体的操作，交叉的目的是能够在下一代产生新的个体。交叉操作是按照一定的交叉概率 P_c 在配对库中随机地选取两个个体进行的，相当于生物进化过程中有性繁殖的基因重组过程，本章选取交叉概率 P_c 的值为 0.8。交叉方法具体如下。

（1）若两个父代染色体中只有一个公共节点（源节点和目的节点除外），则使用单点交叉法，将该公共节点设为交叉点。将两个父代染色体中从源节点开始到交叉点间链路进行互换，交叉点到目的节点间的链路保持不变。

（2）若两个父代染色体中恰有两个公共节点，则将这两个公共节点作为交叉点，将每条染色体分为三段。将第一条染色体的第一段与第二条染色体的第一段进行交换，将第一条染色体的第三段与第二条染色体的第三段进行交换。

（3）若两个父代染色体中含有两个以上的公共节点，则随机选择两个公共节点作为交叉点，杂交方法同（2）。

使用上面的杂交方法之后，分别计算产生的子代染色体的适用度值，并与父代染色体的适应度值进行比较，若高于父代染色体的适应度值则杂交成功，否则杂交失败。

7）变异算子

变异就是以很小的概率 P_m 随机地改变群体中个体的某一基因的值，即从一染色体产生另一染色体的过程。变异运算模拟了生物进化过程中的基因突变方法，将某个基因上的基因变异为其等位基因，本章的变异算法如下：

（1）从父代染色体中，随机选择变异节点 i；

（2）计算满足带宽约束条件的节点 i 的邻居节点集合 Neighbor(i)，该集合中不包含父代染色体中节点 i 之前的所有节点；

（3）从节点 i 的邻居节点集合 Neighbor(i)中随机选择节点 j 进行变异；

（4）使用基于剩余负载率路由判据 LeftLB_Metric 的路由算法来计算从源节点 s 到节点 j 以及从节点 j 到目的节点 d 的路径，并将两条路径组合，从而形成一条新的染色体；

（5）计算变异后新染色体的适用度值，若高于父代染色体，则变异成功，否则变异失败。

遗传算法中，选择运算不产生新的个体，交叉运算和变异运算都产生新的个体，因此，选择运算完成的是复制操作，而交叉运算和变异运算则完成繁殖操作。

8）遗传算法终止条件

终止条件就是遗传进化结束的条件，为防止算法往往还没收敛到最优解就结束了，或者已经收敛了，但还在继续搜索，本章提出了一个新的终止条件。首先在遗传算法中设置最小迭代次数 $t_{\min}$、最大迭代次数 $t_{\max}$ 和最小种群进化率 $\varepsilon_{\min}$。当遗传算法的迭代次数处于 $t_{\min}$ 和 $t_{\max}$ 之间时，根据式(4.7)计算种群的进化率 ε_t。因此，遗传算法的终止条件有下面两种情况。

$$\varepsilon_t = \frac{M - |P^t(s,d) \cap P^{t-1}(s,d)|}{M} \tag{4.7}$$

式中，$P^t(s, d)$为由遗传算法进行第 t 次迭代时得到的 M 条路径集合；$|P^t(s,d) \cap P^{t-1}(s,d)|$为第 t 次迭代和第 t–1 次迭代得到的 M 条路径中相同路径的个数。

（1）若遗传算法在迭代过程中种群的进化率满足设置的最小种群进化率 $\varepsilon_{\min}$，则遗传算法结束，进入蚁群算法。

（2）若遗传算法的迭代次数超过 $t_{\max}$，则强制结束遗传算法，进入蚁群算法。

4.4.2 蚁群算法设计规则

蚁群算法是一种源于大自然生物世界的仿生类算法，是近几年逐渐发展起来的随机优化方法，是意大利学者 Dorigo 等最早提出来的。蚁群算法吸收了蚂蚁的行为特性，通过其内在的搜索机制，在一系列困难的组合优化问题求解中取得了成效。

1）蚁群算法简介

蚁群算法的基本原理[3]来自昆虫学家的观察：生物界中的蚂蚁在寻找食物源时，能在其走过的路径上释放一种蚂蚁特有的分泌物（pheromone）——信息素，使得一定范围内的其他蚂蚁能够觉察并影响其行为。当某些路径上走过的蚂蚁越来越多时，留下的这种信息素也越多，以致后来蚂蚁选择该路径的概率也越高，从而更增加了该路径的吸引强度，蚂蚁群体就靠着这种内部的生物协同机制逐渐形成了一条它们自己事先并未意识到的最短路线。蚁群算法从这种模型中得到启示并用于解决优化问题。蚁群算法中每个优化问题的解都是搜索空间中的一只蚂蚁，蚂蚁都有一个由被优化函数决定的适应度值（与要释放的信息素成正比），蚂蚁就是根据它周围的信息素的多少决定它们移动的方向，同时蚂蚁也在走过的路上释放信息素，以便影响别的蚂蚁。本章通过图 4-2 来说明蚁群算法的基本思想。

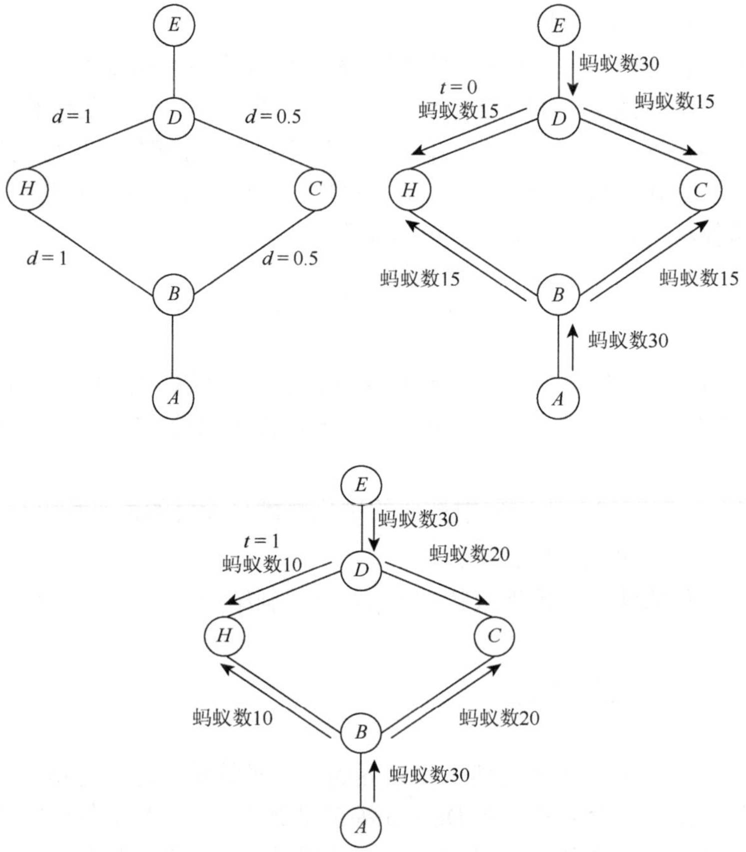

图 4-2　蚁群算法

假设 D 和 H 之间、B 和 H 之间以及 B 和 D 之间（通过 C）的距离为 1，C 位于 D、B 路径的中央。现在考虑在等间隔离散时间点（$t=0, 1, 2, \cdots$）的蚁群系统状况。假设每单位时间内有 30 只蚂蚁从 A 到 B，另 30 只从 E 到 D，其行走速度都为 1（一个单位时间所走距离为 1），在行走时，一只蚂蚁可在时刻 t 留下浓度为 I 的信息素。在 $t=0$ 时刻无任何信息素，但分别有 30 只蚂蚁在 B、30 只蚂蚁在 D 等待出发。它们选择走哪条路径是完全随机的，因此在两个节点上蚁群可各自一分为二，走两个方向。结果是有 15 只蚂蚁走左边的路径 D-H、B-H；另外 15 只蚂蚁走右边的路径 D-C、B-C，这些蚂蚁在行进过程中分别留下信息素。经过 1s 后从 D 点出发的 30 只蚂蚁有 15 只到达了 H 点，有 15 只经过 C 到达了 B 点，同样地，从 B 点出发的 30 只蚂蚁有 15 只到达了 H 点，有 15 只经过 C 到达了 D 点。很显然，在相等的时间间隔内路径 D-H-B 上共有 15 只蚂蚁经过并遗留了信息素，D-C-B 上却有 30 只蚂蚁经过并遗留了信息素，其信息素强度是 D-H-B 路径上的 2 倍。因此，当 30 只蚂蚁分别回到 A、E 点重新选择路径时就会以 2 倍于 D-H-B 的概率选择路径 D-C-B，从而 D-H-B 上的蚂蚁数目变成了 10 只，是 D-C-B 上蚂蚁数目的 1/2，距离较短的路径上信息素很快得到了强化，其优势也很快被蚁群发现。

因此，蚁群算法的基本思想可以理解为：如果在给定点，一只蚂蚁要在不同的路径中选择，那么，那些被先行蚂蚁大量选择的路径（也就是信息素留存较浓的路径）被选中的概率更大，较多的信息素意味着较短的路径，也就意味着较好的问题答案。

2）数据结构

在蚁群算法中，蚂蚁之间通过相互协作找到从蚁穴到食物的最短路径，为将其应用在无线 Mesh 网络中，本章将蚂蚁抽象为两类蚂蚁：前向蚂蚁（Forward_ant）和后向蚂蚁（Backward_ant）。Forward_ant 表示从源节点到目的节点的蚂蚁，而 Backward_ant 表示从目的节点返回源节点的蚂蚁（根据 Forward_ant 所建立的路径返回源节点）。

在无线 Mesh 网络中，一共包括两种数据结构：蚂蚁的数据结构（包括前向蚂蚁和后向蚂蚁）和节点的数据结构。

AODV 协议中的 RREP 和 RREQ 报文与本章抽象出的两类蚂蚁类似。RREP 对应于本章的 Backward_ant；RREQ 对应于本章的 Forward_ant。蚂蚁的数据结构由一张数据表组成（表 4-2）。该数据表包括蚂蚁标识、源节点、目的节点、蚂蚁遍历过的节点集合和经历的跳数。

表 4-2　蚂蚁的数据结构

蚂蚁标识	源节点	目的节点	蚂蚁遍历过的节点集合	跳数
Ant ID	s	d	C_s	hop

无线 Mesh 网络中节点的数据结构表主要由两个表格组成，分别是路由表和节点拥塞状况表，其中，网络中的节点使用信息素表代替原来的路由表，节点拥塞状况表用来存储本地节点及其邻居节点的拥塞情况，如表 4-3 所示。

表 4-3　网络中节点拥塞状况表

节点 ID	邻居节点集合	节点拥塞状况	邻居节点拥塞状况
	Neighbor_ID_1		$\text{Neighbor\_ID}_1\text{\_Status}$
Node_ID	⋮	Node_Status	⋮
	Neighbor_ID_m		$\text{Neighbor\_ID}_m\text{\_Status}$

$$\text{Status}=\begin{cases}1, & |\text{Left}\_L(i)|<\varepsilon \\ 0, & \text{否则}\end{cases} \tag{4.8}$$

Status 的计算方法如式（4.8）所示，当 Status = 1 时，表明该节点处于拥塞状态，路径选择时应该避开该节点；当 Status = 0 时，表明该节点处于不忙状态，路径选择时，可以选择该节点作为下一跳节点，邻居节点通过 Hello 消息及时地了解该节点的拥塞状态。

定义 4.4　邻居节点集合 Neighbor′(i)，表示网络中节点 v_i 的新的邻居节点集合。本章根据节点的邻居节点拥塞状况，将邻居节点集合 Neighbor(i)中 Status = 1 的邻居节点从邻居节点集合中去除，形成一个新的邻居节点集合 Neighbor′(i)。

3）信息素初始化

蚁群算法的主要缺点是算法初期信息素缺乏，导致搜索初期积累信息素占用的时间较长。因此，本章使用遗传算法得到的结果经过计算作为蚁群算法的信息素初始值，具体计算方法如下：

$$\tau(i,j)=\tau^{C}(i,j)+\tau^{G}(i,j) \tag{4.9}$$

$$\tau^{G}(i,j)=\sum_{k\in P(s,d)}\frac{C}{(1-\text{Left}\_P^{k}(s,d))(1-\text{Left}\_L(i,j))} \tag{4.10}$$

$$i\in P(k),\quad j\in N\_P(k),\quad k\in[1,M] \tag{4.11}$$

式中，$\tau^{C}(i,j)$ 为给定的信息素常数；$P(s,d)$为由遗传算法得到的 M 条路径集合；$\text{Left}_P^{k}(s,d)$为路径 k 的剩余负载率；$N_P(k)$为组成路径 k 的节点集合。

4）状态转移规则

网络中的蚂蚁要根据下面的规则来选择下一跳节点。

（1）若目的节点 d 在当前节点的邻居节点集合 Neighbor′(i)中，则该节点无条件地将目的节点作为自己的下一跳节点。

（2）若目的节点 d 不在该节点的邻居节点集合 Neighbor′(i)中，则将通过公式来计算每条链路的概率，将概率最大的那条链路作为本次数据传输的链路。

$$P_{ij}^k(t)=\begin{cases}\dfrac{\tau_{ij}^{\alpha}(t)\eta_{ij}^{\beta}(t)}{\sum\limits_{s\in \text{Neighbor}'(i)}\tau_{is}^{\alpha}(t)\eta_{is}^{\beta}(t)}\\ 0\end{cases} \tag{4.12}$$

式中，α 为信息启发式因子，其值越大，则该蚂蚁越倾向于选择其他蚂蚁经过的路径，蚂蚁之间的协作性越强；β 为期望启发式因子，其值越大，则该状态转移概率越接近于贪心规则；$\eta_{ij}(t)$ 为启发函数，表示链路 e_{ij} 的费用（如队列长度、距离、延时等因素），本章用链路 e_{ij} 的剩余负载率来表示：

$$\eta_{ij}(t)=\text{Left}\_e_{ij}(t) \tag{4.13}$$

5）信息素更新规则

当所有蚂蚁都遍历结束后，根据式（4.14）对路径中的信息素进行更新：

$$\tau_{ij}(t+1)=(1-\rho)\tau_{ij}(t)+\rho\Delta\tau_{ij}(t) \tag{4.14}$$

式中，$\rho\in(0,1]$，表示信息素的挥发系数；$\Delta\tau_{ij}(t)$ 表示本次循环中路径 Path(i,j) 上的信息素增量。

当所有蚂蚁完成一次觅食后，计算完成循环的目标函数值，目标函数的公式同遗传算法中的适应度函数，将目标函数值最大的路径记为 f_{best}。

$$\Delta\tau_{ij}=\begin{cases}0, & \text{其他}\\ \dfrac{Q}{|f_{\text{best}}|}, & (i,j)\in f_{\text{best}}\end{cases} \tag{4.15}$$

式中，$|f_{\text{best}}|$为最优路径的跳数；Q 为一个常数，表示蚂蚁循环一周所释放的信息量。

4.4.3　混合负载均衡路由算法

根据以上设计规则，本章在基于剩余负载率路由算法的基础上提出了一种混合负载均衡路由算法（LLR_GAACO），给定蚁群算法一个预定的迭代次数 NC_MAX，若迭代次数超过 NC_MAX，则蚁群算法结束，输出最优路径。

Step1 根据本章提出的基于 LeftLB_Metric 路由判据的路由算法生成初始种群，种群规模 $M=20$。

Step2 根据式（4.6）计算种群中每个个体的适应度值。并根据 4.4.1 节提出的选择、交叉、变异策略对种群中的个体执行选择、交叉、变异操作。

Step3 判断遗传算法是否达到终止条件，若达到终止条件，则进入蚁群算法，否则返回 Step2。

Step4 将遗传算法的结果根据本章提出的蚁群算法信息素初始值设置策略转换为蚁群算法的信息素初始值，设置蚁群算法中各项参数，并以一定时间间隔从源节点 s 发送一只蚂蚁到目的节点 d，节点集合为空。

Step5 在路径选择过程中，每只蚂蚁选择的下一跳节点都要与节点集合中的节点进行比较，如果该节点已经存在于节点集合中，说明在路径选择过程中出现了环路，路径选择时应避开这个节点，删除环路上所有的节点和它们的全部信息，并从这个节点开始重新寻路。

Step6 当蚂蚁找到目的节点后，目的节点将会计算目前为止到达该节点的目标函数值，从中选择一条最佳路径，并生成后向蚂蚁，根据节点集合，返回源节点。

Step7 根据信息素更新规则，更新路径上的信息素浓度，修改路由表，并且 nc = nc + 1，nc 表示算法目前已执行的迭代次数，若 nc＜预定的迭代次数，返回步骤 Step5。

Step8 输出最佳路径。

基于 LLR 的路由算法流程图如图 4-3 所示。

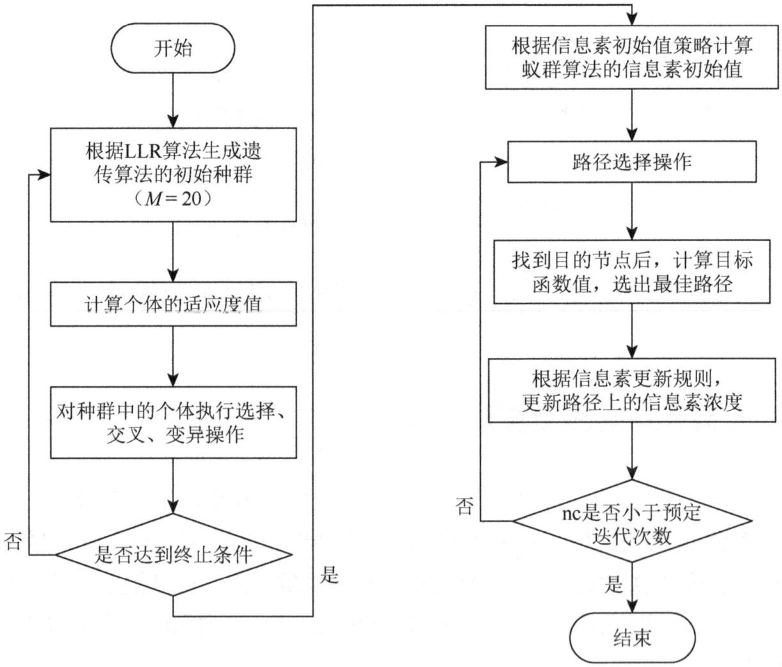

图 4-3 基于 LLR 的路由算法流程图

4.5　仿真环境与实验结果分析

4.5.1　仿真环境

本节采用 NS2 网络仿真工具搭建无线 Mesh 网络的仿真环境。仿真环境中在 800m×800m 的覆盖范围内部署 50 个 Mesh 节点，采用 IEEE 802.11s 的 MAC 协议，采用分布式协调机制。仿真实验中具体参数的设置如表 4-4 所示。

表 4-4　仿真环境参数

参数	设定值
数据传输速率	0～5Mbit/s
信道数目	12
信道带宽	10Mbit/s
数据传输范围	250m
干扰范围	500m
业务流个数	30
业务流类型	UDP
数据传输方式	CBR
节点移动模型	Random Way
仿真时间	500s
m	0.5
n	0.5
a	0.4
b	0.3
c	0.3
α	0.5
β	0.5
ρ	0.5

4.5.2　实验结果与分析

仿真环境中部署了本章提出的 LLR_GAACO 算法、LLR 算法、文献[4]提出的 LSR 算法、蚁群算法 ACO、遗传算法 GA。实验采用网络节点个数为 25 的随机拓扑，并通过模拟实验对上述路由算法进行对比分析：①平均端到端时延的比较；②网络吞吐量的比较；③网络丢包率的比较。

1）平均端到端时延的比较

平均端到端时延（average end-to-end delay）是指从源节点到目的节点的所有生存下来的数据报文端到端时延的平均值。

$$\text{Average end-to-end delay} = \frac{\sum(\text{Time\_received} - \text{Time\_sending})}{\text{Num\_sending}} \quad (4.16)$$

由于本章提出的基于剩余负载率的路由算法在链路选择过程中优先选择两端节点的剩余负载率处于较高或者平衡状态的链路，因此，图 4-4 的实验结果表明，LLR 算法的平均端到端时延是 LSR 算法的 85%。由于本章提出的路由算法结合了遗传算法和蚁群算法的优点，同时又考虑了节点的剩余负载率、距离目的节点的跳数，减少了拥塞概率和排队时延，因此，图 4-5 的实验结果表明，本章提出的 LLR_GAACO 算法具有较低的平均端到端时延，具有更优的分配结果和效率。

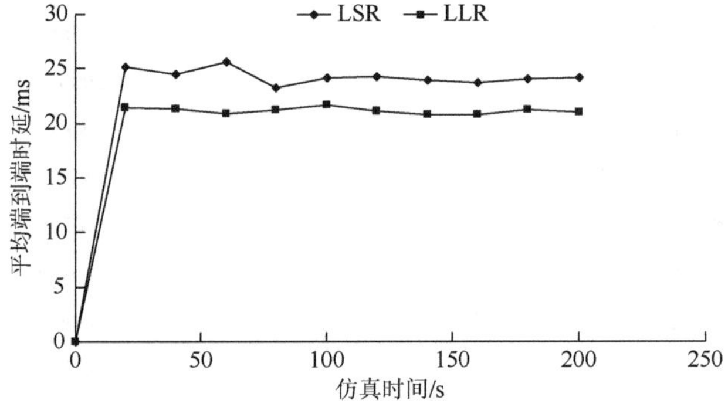

图 4-4　平均端到端时延的比较（LSR 与 LLR）

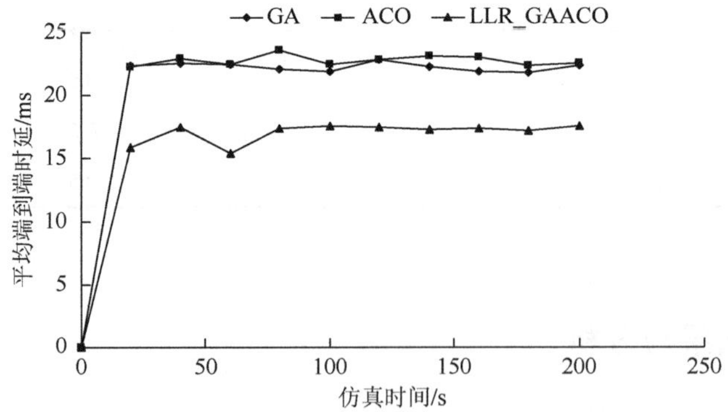

图 4-5　平均端到端时延的比较（GA、ACO 与 LLR_GAACO）

2）网络吞吐量的比较

网络吞吐量是评价一个网络性能的重要参数，是指在单位时间内通过网络（或信道或接口）的数据量，其依赖于当前网络的负载情况。

图 4-6 为 LSR 算法和 LLR 算法的网络吞吐量的实验结果，表明 LLR 算法的网络吞吐量是 LSR 算法的 1.1 倍。图 4-7 显示了三种算法网络吞吐量的实验结果。实验结果表明，本章提出的 LLR_GAACO 算法的网络吞吐量是 GA 算法和 ACO 算法的 1.2 倍。图 4-6 和图 4-7 的实验结果表明，本章提出的 LLR_GAACO 算法能有效地实现网络中每个节点的负载均衡，有效地提高网络吞吐量，改善网络的传输性能。

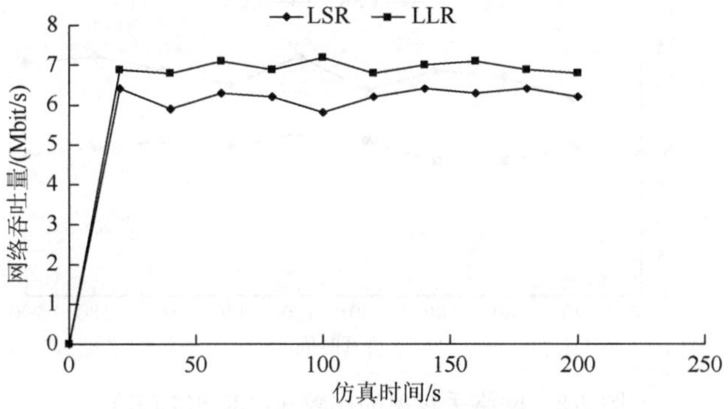

图 4-6　网络吞吐量的比较（LSR 与 LLR）

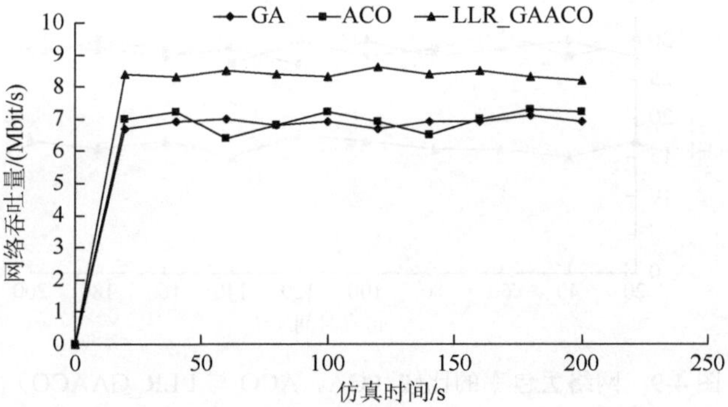

图 4-7　网络吞吐量的比较（GA、ACO 与 LLR_GAACO）

3）网络丢包率的比较

网络丢包率（network packet loss rate）是指数据包在传输过程中丢失部分与所传数据包总数的比值，是极为重要的反映网络状况的指标，网络中正常传输时网络丢包率应该控制在一定范围内。

图 4-8 为 LSR 算法和 LLR 算法的网络丢包率的实验结果。实验结果表明 LLR 算法的网络丢包率低于 LSR 算法，这是由于本章提出了一种基于剩余负载率的路由判据 LLR，该路由判据充分考虑了网络中每个节点的剩余负载，能够很好地实现网络的负载均衡。图 4-9 显示了 GA、ACO、LLR_GAACO 三种算法的网络丢包率的实验结果。由于本章提出的 LLR_GAACO 算法将 GA 算法与 ACO 算法融合在一起，结合了两种算法的优点，克服了蚁群算法初始信息素缺乏的缺点，因此 LLR_GAACO 算法可有效地降低网络丢包率。实验结果表明，本章提出的 LLR_GAACO 算法的网络丢包率低于 GA 算法和 ACO 算法。因此，本章提出的 LLR_GAACO 算法能有效地实现网络中每个节点的负载均衡。

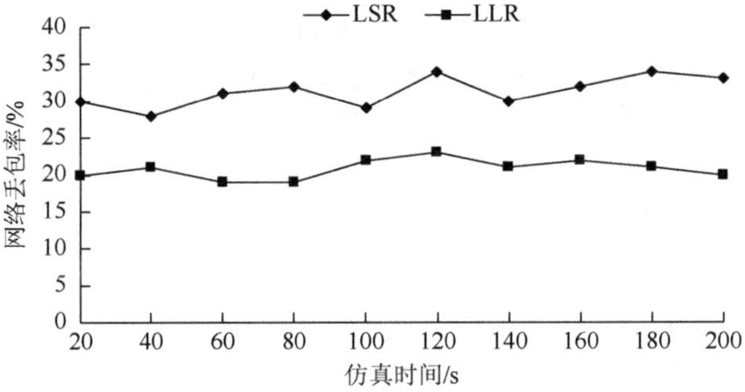

图 4-8　网络丢包率的比较（LSR 与 LLR）

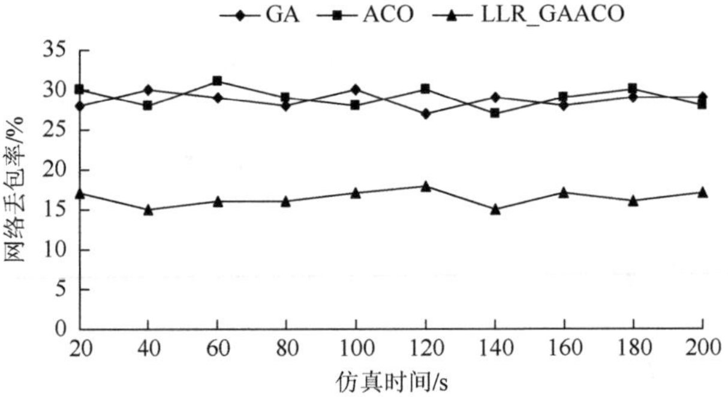

图 4-9　网络丢包率的比较（GA、ACO 与 LLR_GAACO）

4.6　本 章 小 结

在无线 Mesh 网络中，负载均衡对有效利用网络容量来说是至关重要的。本章首先提出了一种基于剩余负载率的路由算法，并将该路由算法应用到融合遗传算法和蚁群算法的路由协议当中。然后通过仿真实验验证了该算法能够有效地实现无线 Mesh 网络中路由器之间的负载均衡，提高了网络吞吐量，改善了网络的传输性能。

参 考 文 献

[1] 沈呈, 陆一飞, 夏勤. 基于综合判据的无线 Mesh 网路由协议[J]. 计算机学报, 2010, 33(12): 2300-2311.

[2] Xiang F, Zhou J, Jie Y W. QoS routing based on genetic algorithm [J]. Computer Communications, 1999, 22(15/16): 1394-1399.

[3] Dorigo M, Caro D G. The Ant Colony Optimization Meta-heuristic [M]. New York: McGraw-Hill, 1999: 11-32.

[4] Kui W, Harms J. Load-sensitive routing for mobile Ad hoc networks [C]. Proceedings Tenth International Conference on Computer Communications and Networks, Scottsdale, 2001: 540-546.

第 5 章 基于负载均衡的多信道无线 Mesh 网络路由算法的研究

第 4 章给出了一种混合的负载均衡路由算法，但该算法适合于单信道情况，并没有考虑多信道情况，网络容量有限。因此，多射频多信道无线 Mesh 网络中的负载均衡路由技术以及如何为每个网络接口分配无线信道成为目前的研究热点。已有的负载均衡技术研究中，大部分只考虑了路由或信道分配，而路由和信道分配是相互依存的，将路由和信道分配结合在一起却鲜有考虑。本章在研究已有的无线 Mesh 网络负载均衡路由协议的基础上，将路由和信道分配结合在一起，以提供一种负载自适应的路由协议。

5.1 引 言

无线 Mesh 网络又称无线网状网，是一种多跳、具有自组织和自愈特点的宽带无线网络结构，是一种新兴的下一代网络。由于无线 Mesh 网络具有可靠性高、伸缩性强、投资成本低等特点，成为了解决“最后一公里”瓶颈问题的关键技术。

使用多射频多信道无线 Mesh 网络能够提升网络的容量、可扩展性、健壮性，并增加系统复杂度，因此在多射频多信道无线 Mesh 网络中的路由技术以及如何给每个网络接口分配无线信道成为目前的研究热点。①如果网络中的两个节点没有分配相同的信道，即使它们分别处于彼此的传输范围之内，也不能相互传输数据。这也说明了信道分配策略决定了网络的拓扑结构。而路由算法则是在给定的网络拓扑结构下进行的，所以无线 Mesh 网络中的信道分配影响了路由选择。②路由算法的目的是根据路由 Metric 为网络中的一对源节点和目的节点选择一条最佳路径来传输数据。沿着这条路径，在每条被分配特定信道的链路上传输的流量负载，将会随着时间的推移而发生变化。同时，由于无线网络环境因素的不断变化，链路的质量也会发生变化。为提高网络性能，应该根据网络中流量负载的变化来改变网络的信道分配。综合以上分析，信道分配策略和路由算法应该综合考虑，以提高网络性能。

文献[1]利用最大流最小割原理对网络拓扑结构进行简化，获得不影响网络性能而相对简单的拓扑结构，然后根据接口数限制、可用信道数限制以及链路利用率对链路进行信道分配。文献[2]提出了一种负载感知的信道分配算法，该算法综合考虑了链路干扰因素及信道负载情况。但上述算法仅是将链路干扰或节点干扰作为信道分配的依据，均未考虑信道分配过程中链路负载情况。文献[3]在 DSDV 路由协议的基础上，提出了一种基于减少网络中信道切换的路由算法，该算法采用最小切换时延的信道分配策略，尽量减少信道切换产生的时延，从而降低网络时延，提高网络吞吐量。文献[4]提出了一种新的基于干扰模型的多信道分配策略，首先对网络进行分层，然后按照优先级逐层进行信道分配，通过降低信道间干扰来提高每个节点的吞吐量。文献[5]提出的 MR-LQSR 多射频链路质量源路由协议是在 DSR 路由协议基础上提出的多收发器多信道 WMN 路由协议。该协议中提出了一种新的路由判据——WCETT。WCETT 路由判据考虑了路径的信道多样化问题，能够在一定程度上提高网络吞吐量。但是 WCETT 路由判据中可用信道数量受限于收发器数目，同时不能反映路径内部的信道干扰，并且 WCETT 路由判据没有考虑路径的负载程度，不具有负载均衡功能。文献[6]在文献[5]的基础之上提出了一种新的路由判据——WCETT-LB，该路由判据将负载均衡因素考虑在内。为实现整个网络的负载均衡，WCETT-LB 路由判据提供了一种拥塞自适应路由算法和分流机制。

综合以上分析，目前研究的多信道路由算法中主要需要解决三个问题：链路干扰、信道切换时延以及负载均衡。

（1）链路干扰，无线 Mesh 网络的多信道路由中，潜在的干扰链路在使用同一信道时将会产生同频干扰，因此产生同频干扰的链路不能同时传输数据。

（2）信道切换时延，在 20MHz～3GHz 的频谱范围内，收发器的工作频段每改变 10MHz 通常会带来 10ms 的时延，因此在信道切换较多的情况下，由信道切换带来的网络时延则不可忽略。

（3）负载均衡，在实际网络或网络仿真过程中，当网络中的数据流增加到一定程度时，网络的性能就会明显地下降，同时数据传输时延和网络丢包率都会上升，因此，在路由协议中实现有效的负载均衡是很有必要的。

综合以上分析，本章提出了一种集中式的负载感知多信道路由算法，该算法首先根据网络拓扑图构建相应的冲突图，根据流量预测模型来计算网络中每条链路的流量负载以及计算网络中每条链路的潜在干扰链路，为冲突图中的每个节点分配一个权值。依据冲突图中节点权值从大到小依次为冲突图中的每个节点即拓扑图中的每条链路分配信道。最后在 WCETT 路由判据的基础上设计了一种新的路由判据，该路由判据综合考虑了链路干扰、信道分布情况及路由选择时的信道切换导致的时延问题。

5.2 网络干扰模型

5.2.1 网络模型及相关定义

定义 5.1 连接图，本章将无线 Mesh 网络抽象成一个无向图 $G=(V,E)$，其中，节点 V 表示无线 Mesh 网络中的节点集合；E 表示网络中可以相互通信的链路集合。如果两个节点在彼此的覆盖范围之内，则在图 G 中就会在两个节点之间存在一条边，也表明这两个节点可以彼此传输数据。通常情况下，不同的连接图对应着不同的网络拓扑结构。

网络中的正交信道集合为 $\mathrm{CH}=\{1,2,\cdots,K\}$，其中，$K$ 是图 G 中可获得的总的信道数量。$\mathrm{CH}(v_i)$表示节点 v_i 可获得的正交信道集合，且 $\mathrm{CH}(v_i)\in\{1,2,\cdots,K\}$ 。$N=|V|$ 表示无线 Mesh 网络中节点的总数量。$I(v_i)$为节点 v_i 的接口数，本章假设网络中每个节点的接口数均为 2 个。节点集合 CN 记录冲突图中成功分配信道的节点集合，例如，如果冲突图中节点 l_{ij} 已经成功地分配了信道，则将节点 l_{ij} 放入节点集合 CN。

假设无线 Mesh 网络中的节点分布在一个平面上，而且每个 Mesh 路由器都配置了一个或多个全向天线射频端，并假设所有的射频端都有一个覆盖范围 R 和一个相同的干扰范围 R'。如果一个接收节点处于另外两个发射节点都可以覆盖的位置，那么分组传输就会产生相互干扰。令覆盖范围小于干扰范围，即 $R<R'$。

定义 5.2 冲突图中节点 l_{ij} 的干扰度，根据协议干扰模型[7]，使用 $I(l_{ij})$来表示所有和冲突图中节点 l_{ij} 存在干扰的潜在干扰链路集合。因此干扰度 $|I(l_{ij})|$ 为节点 l_{ij} 的潜在干扰链路的个数，即冲突图中与该节点相连接的节点的个数。

定义 5.3 矩阵 $A=\{a_{ik}\}$，为 $N\times K$ 的矩阵（$i=0,1,\cdots,N-1$；$k=0,1,\cdots,K-1$），表示节点 v_i 的信道分配情况。其中，在信道分配阶段若将信道 k 分配给节点 v_i，则 $a_{ik}=1$，否则 $a_{ik}=0$。本章使用矩阵 A 来计算链路 e_{ij} 及其干扰链路集合中信道 k 的使用情况。

定义 5.4 信道 k 的利用率 $O(l_{ij},k)$，表示冲突图中节点 l_{ij} 及其干扰链路集合 $I(l_{ij})$中信道 k 的利用率，具体计算方法如式（5.1）所示：

$$O(l_{ij},k)=\sum_{e_{mn}\in I(l_{ij})}\frac{a_{mk}a_{nk}}{|I(l_{ij})|+1} \tag{5.1}$$

本章在具体冲突图中某一节点 l_{ij} 分配信道时，首先，计算可为该节点分配的信道集合；然后，计算出该信道集合中每个信道在干扰链路范围内的利用率；最后，将利用率最低的信道分配给该节点。

定义 5.5　矩阵 $F = \{f_{ij}\}$，为 $N \times N$ 的矩阵（$i, j = 0, 1, \cdots, N-1$），记录信道分配过程中，为冲突图中的节点分配的信道。若在信道分配过程中将信道 k 分配给了节点 l_{ij}，则 $f_{ij} = k$。

5.2.2　信道冲突模型

由于无线介质的广播特性，传输过程会受到多址干扰的严重影响，两个相互干扰的链路在使用同一信道的情况下，不能同时进行数据传输，因此本章利用冲突图来对这种干扰进行建模[8]。

定义 5.6　冲突图在无线 Mesh 网络中的定义如下：冲突图是以连接图为基础的，给定一个连接图 $G(V, E)$，图中的节点为无线 Mesh 网络中的路由器，边为网络中的无线链路。对于该连接图对应的冲突图 $G_c(V_c, E_c)$，若连接图 G 中存在 $e_{ij} \in E$，则对应的冲突图 G_c 中，就会存在一节点 $l_{ij} \in V_c$。根据协议干扰模型（其中干扰区域为两跳范围内的节点），如果连接图中两条链路 e_{mn} 和 $e_{ij} \in E$ 之间存在干扰，那么冲突图 $G_c(V_c, E_c)$中两个节点 l_{mn} 和 l_{ij} 之间就存在一条边 $e_{l_{mn}l_{ij}}$。连接图 G 与冲突图 G_c 之间的关系如图 5-1 和图 5-2 所示。

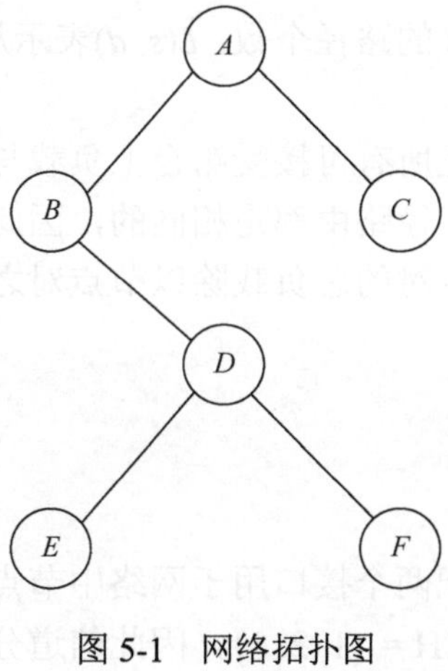

图 5-1　网络拓扑图

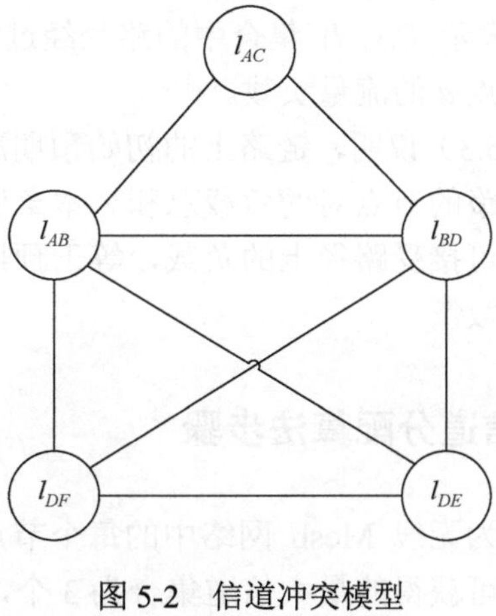

图 5-2　信道冲突模型

5.3　信道分配算法

5.3.1　权值 *w* 的计算

在信道分配算法中，为冲突图中的每个节点分配信道需要考虑链路干扰和链路负载两个因素。因此首先要为冲突图中的每个节点分配一个权值 w_l，w_l 的计算方法如式（5.2）所示：

$$w_l = a\frac{|I(l)|}{|E_c|} + b\phi_l \tag{5.2}$$

式中，$|E_c|$为冲突图中边的总个数；a、b 分别为链路潜在的干扰情况和链路负载情况的影响因子，且 $a+b=1$。在为冲突图中的每个节点计算权值时可以通过设置 a、b 的值来调节链路干扰和链路负载在权值中所占的比重。a 取值较大时，倾向于考虑链路的干扰情况。b 取值较大时，倾向于考虑链路的负载情况。由于本章在信道分配时既要考虑链路的干扰情况也要考虑链路的负载情况，因此在后面仿真试验中取 $a=0.5, b=0.5$。节点的权值越大，说明该链路的干扰情况越严重，链路的负载越大，该链路越容易成为网络的瓶颈，因此在信道分配时，应首先为冲突图中权值大的节点分配信道。

本章使用流量预测模型来计算链路初始的流量负载，计算方法如式（5.3）所示：

$$\phi_l = \sum_{s,d}\frac{|P_l(s,d)|}{|P(s,d)|}L(s,d) \tag{5.3}$$

式中，$|P(s,d)|$表示网络中从源节点 s 到目的节点 d 可获得的所有路径的个数；$|P_l(s,d)|$表示$|P(s,d)|$集合中的路径经过链路 l 的路径个数；$L(s,d)$表示从源节点 s 到目的节点 d 的流量负载。

式（5.3）说明，链路上的初始预期流量是所有可接受路径上负载与所有可能经过该链路的节点对的负载总和。本章假设多径路由都是相同的，因此每一个节点对之间可接受路径上的负载，等于预期节点对的总负载除以节点对之间总的可接受路径数量。

5.3.2　信道分配算法步骤

假定为无线 Mesh 网络中的每个节点分配两个接口用于网络中节点的通信，每个节点可获得的最大信道集合为 3 个，即 CH = {1, 2, 3}，因此信道分配算法的目的是为网络中的每一条链路 e 分配一个干扰最小且负载均衡的信道 k。

Step1　根据网络拓扑图 $G(V, E)$构建对应的信道冲突图 $G_c(V_c, E_c)$，如图 5-2 所示，$CN=\varnothing$。

Step2　根据信道冲突图，给定冲突图中的每个节点一个权值。

Step3　根据冲突图中节点的权值，从大到小依次为该节点分配信道。

（1）在为冲突图中的节点即拓扑图中的链路分配信道时，共分为三种情况。

①若链路两端节点已分配的信道数均小于 $I(v_i)$，则计算可为该链路分配的信

道集合，然后根据公式计算出该信道集合中每个信道在干扰链路范围内的利用率，最后将利用率最低的信道分配给该链路。

②若链路两端节点中有一个节点已分配的信道数等于 $I(v_i)$，则从这个节点的已分配信道列表中选择一个在干扰链路范围内利用率最低的信道分配给该链路。

③若链路两端节点已分配的信道数均等于 $I(v_i)$，则比较每个节点的已分配信道列表，若有公共信道，则在公共信道集合中选择一个在干扰链路范围内利用率最低的信道分配给该链路。否则，从两个节点的已分配信道列表中分别选择一个在干扰链路范围内利用率最低的信道，然后将这两个信道进行合并，形成一个新的信道，并将该信道分配给该链路。

信道分配成功后，修改矩阵 A 中相应的值。

（2）修改冲突图，信道分配成功后将该节点与目前集合 CN 中的节点一一进行对比，若该节点与集合 CN 中的某一节点在冲突图中存在一条边，比较分配给这两个节点的信道：若相同，则冲突图的结构不变；若不同，则由于这两条原本有潜在干扰的链路分配了不同的信道，因此将该边从冲突图中去除。

Step 4　信道分配结束。

以图 5-2 为例，计算冲突图 $G_c(V_c, E_c)$中每个节点的权值，分配权值后的冲突图如图 5-3 所示。

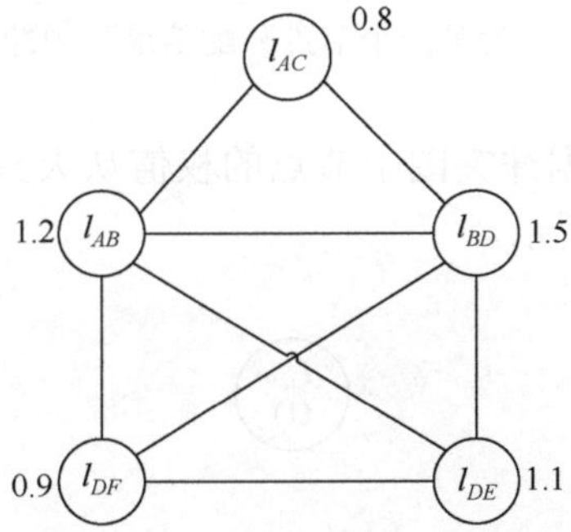

图 5-3　分配权值后的冲突图

根据图 5-3 中节点的权值大小，首先给节点 l_{BD} 分配信道，分配过程如下。

假设 $\mathrm{CH}(v_B) = \{2, 3\}$, $\mathrm{CH}(v_D) = \{1, 2, 3\}$，则 $\mathrm{CH}(l_{BD}) = \{2, 3\}$。

分别计算链路的干扰范围内信道 2 与信道 3 的使用概率，由于该链路是第一个被分配的，所以 $O(l_{BD}, 2) = 0$，$O(l_{BD}, 3) = 0$。

由于信道 2 与信道 3 的使用概率均为 0，因此将信道 2 与信道 3 随机地分配给节点 l_{BD}，假设将信道 2 分配给节点 l_{BD}，于是修改矩阵 A，使 $a_{B2} = 1$，$a_{D2} = 1$。

然后看是否满足式(5.3)的条件，若满足，则信道分配成功，修改矩阵 F，使 $f_{BD}=2$。将该节点加入集合 CN 中，此时 $CN=\{l_{BD}\}$。

接着为节点 l_{AB} 分配信道，分配过程如下。

假设 $CH(v_A)=\{1,2,3\}$，而 $CH(v_B)=\{2,3\}$，则 $CH(l_{AB})=\{2,3\}$。

分别计算链路的干扰范围内信道 2 与信道 3 的使用概率，由于该链路是第一个被分配的，所以 $O(l_{AB},2)=0.2$，$O(l_{AB},3)=0$。

因此，将信道 3 分配给节点 l_{AB}，同时修改矩阵 A，使 $a_{B3}=1$，$a_{D3}=1$。然后看是否满足式（5.3）的条件，若满足，则信道分配成功，修改矩阵 F，使 $f_{AB}=3$。将该节点加入集合 CN，此时 $CN=\{l_{BD},l_{AB}\}$，查看冲突图，若 $e_{l_{BD}l_{AB}}=1$，则比较 f_{BD} 与 f_{AB} 的值，$f_{BD}\neq f_{AB}$，则将该边去除，因此冲突图由图 5-3 转变成图 5-4。

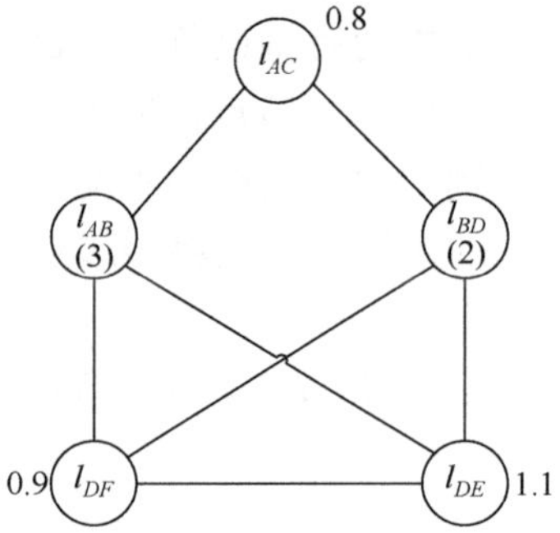

图 5-4　为第一个节点分配信道后的冲突图

用同样的方法依次根据冲突图中节点的权值从大到小为链路分配信道，直到信道分配结束，如图 5-5 所示。

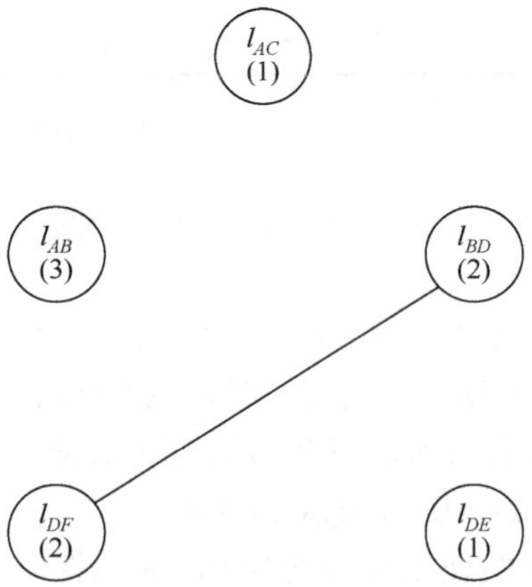

图 5-5　信道分配后的冲突图

5.4　多信道路由算法

5.4.1　多信道路由判据

1）WCETT 路由判据

WCETT 是针对无线 Mesh 网络环境提出的一个新的路由判据，除了考虑链路质量外，还考虑了链路带宽，因此，定义一个新的参数——期望传输时间（expected transmission time，ETT），计算方法如下所示：

$$\mathrm{ETT}=\mathrm{ETX}\times\frac{S}{B} \tag{5.4}$$

$$\mathrm{ETX}=\frac{1}{d_f\, d_r} \tag{5.5}$$

式中，S 表示封包大小；B 表示链路带宽；ETX（expected transmission count）为以链路质量为基础的路由判据，为该链路上传输一个封包的预估次数；d_f 为该链路成功传输一个封包到接收端的概率；d_r 为成功接收到确认字符（acknowledge character，ACK）封包的概率。因此，预估成功传送一个数据包的时间为 ETX 乘以传输该封包所需时间，计算方法如式（5.6）所示：

$$\mathrm{WCETT}=(1-\beta)\times\sum_{i=1}^{n}\mathrm{ETT}_i+\beta\times\max_{1\leqslant j\leqslant K}X_j \tag{5.6}$$

WCETT 通过权重分配，同时考虑了带宽、封包丢失率、信道多变性等，因此，第一个 WCETT 参数可以是路径上所有链路的 ETT 总和，另一个参数为一个封包沿着路径所花费的预估时间，可以视为该封包在该路径上的点对点延迟时间。其中，X_j 为所有链路在信道 j 上的 ETT 之和。假设在一个 n-hop 路径上，网络中共有 K 个信道，因此，X_j 的计算方法如式（5.7）所示：

$$X_j=\sum_{\text{hop}\,i\,\text{on}\,\text{channel}\,j}\mathrm{ETT}_i,\quad 1\leqslant j\leqslant K \tag{5.7}$$

WCETT 路由判据考虑了路径的信道多样化问题，能够在一定程度上提高网络的吞吐量。但是由于路由路径上各节点独立计算链路的 ETT 值只是对不同链路 ETT 值进行简单累加，没有考虑路径间的信道分布情况，不能准确反映路径内部的信道干扰，而且 WCETT 没有考虑路径的负载程度，不具有负载均衡功能。

2）基于负载均衡的多信道路由判据

（1）信道干扰。

无线 Mesh 网络中存在两种数据流干扰[7]，第一种为由外部数据流产生的外部流 inter-stream 干扰，第二种为一条路径中的内部数据流产生的内部流 intra-stream 干扰，如图 5-6 所示。根据协议干扰模型，链路 e_{BC}、e_{CD} 和链路 e_{AB} 为 Path1 上的内部流 intra-stream 干扰。链路 e_{FG}、e_{EF} 和链路 e_{GH} 为 Path2 上的内部流 intra-stream 干扰。链路 e_{BC} 和链路 e_{FG} 为外部流 inter-stream 干扰。如果网络中的不同链路彼此间存在干扰，则它们不能同时进行数据传输。因此，为消除链路间的这两种干扰，在信道分配算法中必须为彼此相互干扰的链路分配不同的信道。

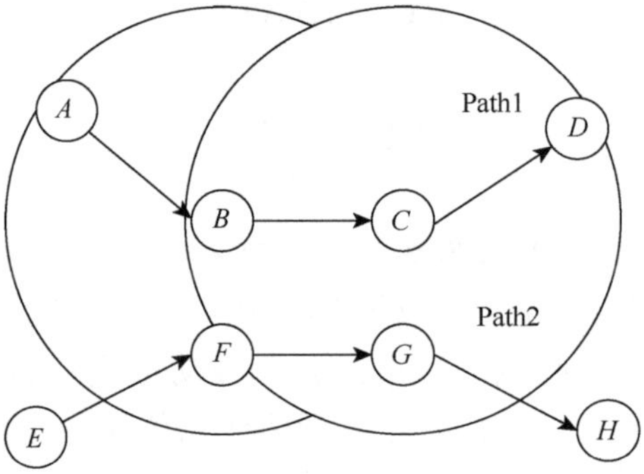

图 5-6　数据流干扰模型

一条链路只有在为其分配的信道与其干扰范围内的链路所分配的信道相同时才会产生干扰，因此本章修改 ETT 参数的计算方法，将信道的干扰考虑进去，对于路径中的一条链路 e_{AB}，其 ETT 参数的具体计算方法如式（5.8）所示：

$$\text{Interference\_ETT}_{AB} = \underbrace{\text{ETX}_{AB}\times\frac{S}{B}\times\sum_{i=1}^{|I(e_{AB})|}\delta}_{\text{第一部分}} + \underbrace{\sum_{i=1}^{n}\left(\text{ETX}_{l}\times\frac{S}{B}\times\delta\right)}_{\text{第二部分}} \tag{5.8}$$

$$\delta=\begin{cases}1, & f_i = f_{AB}\text{且}\, i\in I(e_{AB})\\ 0, & \text{其他}\end{cases}$$

式中，S 为数据包的大小；B 为链路带宽。式（5.8）中第一部分表示外部流对链路 e_{AB} 产生的干扰，第二部分表示路径中内部流对链路 e_{AB} 产生的干扰。因此一条链路的 ETT 值既要考虑外部流对链路的干扰也要考虑内部流对链路的干扰。

（2）信道切换时延。

在路由协议中，当所选路由中的下一跳将要使用的信道与现在使用信道不同时，将发生信道切换。在 20MHz～3GHz 的频率范围内，收发器的工作频段每改变 10MHz 通常会带来 10ms 的时延，因此在信道切换较多的情况下，由信道切换带来的网络时延则不可忽略。因此本章将 Mesh 节点的收发器从一个信道切换到另一个信道将会产生的非零延迟作为信道切换时延。

若两条路径的信道切换次数相同，则还要考虑信道切换对链路传输的影响。如图 5-7 所示，假设节点 A 要建立一条到节点 F 的路由，则存在两条可能路径：A-C-E-F、A-D-E-F。此时这两条路径的信道切换次数相同，但是若选择第一条路由路径，节点 C 在信道切换的过程中会影响 B-C 和 A-C 两条链路的数据传输，从而影响网络的性能，因此本章提出的路由判据也要将节点进行信道切换时对与该节点相连的其他链路的影响考虑进来。路由选择时，在信道分配相同的情况下优先选择邻居节点较少的节点作为下一跳。本章假设路径中第 i 跳链路进行信道切换时，切换一次的时间为 T_{switch}，则该第 i 跳链路 e_{AB} 总的切换时延 t_{switch}^{i} 的计算方法如式（5.9）所示：

$$t_{\text{switch}}^{i}=\begin{cases}0, & f_{i-1}=f_i\\ T_{\text{switch}}\times\dfrac{|\,\text{Neighbor}(v_A)\,|}{N}, & \text{其他}\end{cases}\tag{5.9}$$

式中，Neighbor(v_A)为 v_A 的邻居节点集合；|Neighbor(v_A) | 为 v_A 的邻居节点个数；N 为网络中总的节点数目。

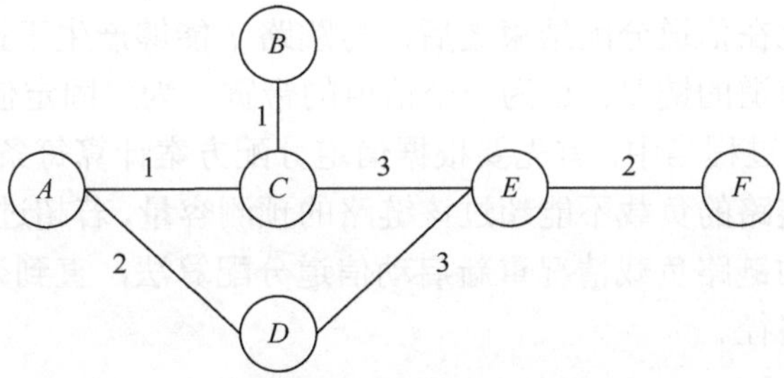

图 5-7　信道切换对路由产生的影响

由文献[9]可知，在无线 Mesh 网络中，节点对之间的数据传输时延由转发节点间的数据传输时延和中间节点收、发数据的信道切换时延组成。因此，对于路径中的一条链路 e_{AB}，其 ETT 参数的具体计算方法如式（5.10）所示：

$$\text{Interference\_ETT}_{AB}=\text{ETX}_{AB}\times\frac{S}{B}\times\sum_{i=1}^{|I(e_{AB})|}\delta+\sum_{i=1}^{n}\left(\text{ETX}_i\times\frac{S}{B}\times\delta\right)+t_{\text{switch}}^{AB}\tag{5.10}$$

（3）负载均衡。

WCETT 路由判据不具备负载均衡功能，路由建立过程并没有考虑链路的负载程度，因此为实现网络的负载均衡、提高网络吞吐量、改善网络性能，在进行路由选择时也要考虑每条链路的业务负载 $\phi'(i)$，$\phi'(i)$ 具体的计算方法将在 5.4.3 节介绍。修改 LBI_WCETT 路由判据，具体计算方法如式（5.11）所示：

$$\text{LBI\_WCETT} = \alpha \times \sum_{i=1}^{n} \text{Interference\_ETT}_i + \beta \times \max_{1 \leqslant j \leqslant K} X_j + \gamma \times \frac{\phi'(i)}{C(i)} \quad (5.11)$$

式中，$C(i)$为跳路 i 的预测容量，具体计算方法将在 5.4.2 节介绍，且 $\alpha+\beta+\gamma=1$。

5.4.2　链路容量评估

链路容量是指每个链路在单位时间内可接纳的最大信息量。链路容量是由干扰范围内分配了相同信道的虚拟链路数量决定的，链路容量评估的目的是得到每条虚拟链路中长期共享有效带宽。因此链路容量与信道分配方案和 5.3.2 节提到的流量预测模型息息相关。虚拟链路的容量 $C(l)$的计算方法如式（5.12）所示：

$$C(l) = \frac{\phi(i)}{\sum\limits_{j \in I(i) \cap (f_i = f_j)} \phi(j)} \times C \quad (5.12)$$

式中，$\phi(i)$ 为路由选择时跳路 i 的预测负载；$I(i)$为跳路 i 在干扰范围内所有潜在的干扰链路，因此在信道分配结束之后，与跳路 i 能够产生干扰的链路为在干扰范围内分配相同信道的链路；C 为一个信道的带宽，为一固定值。

因此，在路由过程当中，首先要根据信道分配方案计算每条链路的预测容量，选路时分配给该链路的负载不能超过该链路的预测容量，若超过该链路预测容量，则需要根据目前的链路负载情况重新启动信道分配算法，直到为每一个节点对都找到一条合适的路径。

5.4.3　负载感知的多信道路由算法

负载感知路由和信道分配联合首先不考虑链路容量，初步估算每条虚拟链路的预期负载，然后迭代执行信道分配和路由算法，直到信道分配可行为止。为简单起见，本章假设流量建模后共有 S 对大小为 L_s 的负载对，其中 $s=\{1, 2, 3, \cdots, S\}$，因此路由算法的目的是为每一对负载均选择一条最佳的路由路径 H。图 5-8 为基于负载均衡的多信道路由的数据流程图。

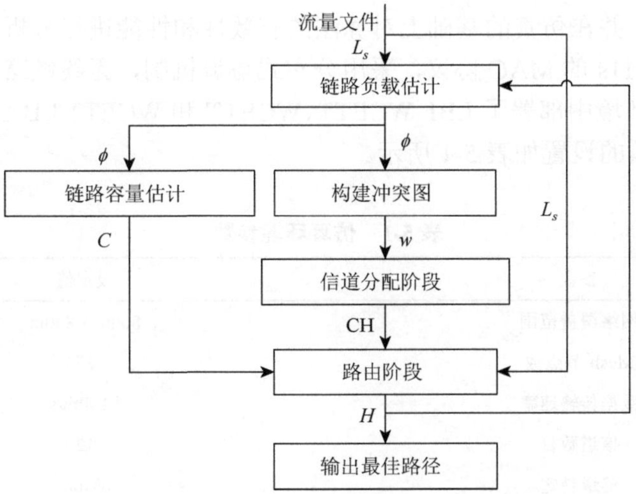

图 5-8　基于负载均衡的多信道路由的数据流程图

Step1 首先根据公式计算网络中每条链路的初期业务负载 $\phi(i)$ 。

Step2 信道分配阶段，根据网络拓扑图 $G(V, E)$构建对应的信道冲突图 $G_c(V_c, E_c)$，综合考虑每条链路的初期业务负载和潜在的干扰链路。根据式（5.2）给冲突图中的每个节点分配一个权值 w_i，根据节点权值 w_i 从大到小，启动 5.3 节的信道分配算法依次为冲突图中的每个节点分配一个信道。

Step3 路由阶段，将新的信道分配方案反馈给路由算法：

（1）计算每条链路的预测容量 $C(i)$；

（2）根据本章提出的 LBI_WCETT 路由判据为每一个节点对(s, d)选择一条最佳路径；

（3）对路由路径中的每一跳路 i 计算：

$$\phi'(i) = \phi'(i) + L_s$$

式中，$\phi'(i)$ 为跳路 i 实际分配的负载。

Step4 根据路由阶段重新计算的链路负载 $\phi'(i)$ 进行判断，若 $\phi'(i) > C(i)$，证明为跳路 i 分配的实际负载超过了预测的链路容量，则修改：

$$\phi(i) = \phi'(i), \quad \phi'(i) = 0$$

重新启动信道分配算法，否则结束。

5.5 仿真环境与实验结果分析

5.5.1 仿真环境

为验证本章提出的基于负载均衡的多信道路由算法，使用 NS2 网络仿真软件进行仿真实验，并在仿真的基础上对算法的有效性和性能进行分析，仿真环境中采用 IEEE 802.11s 的 MAC 协议，采用分布式协调机制，无线链路的传输速率为 54Mbit/s。仿真环境中部署了 LBI_WCETT、WCETT 和 WCETT-LB 三种路由算法。仿真实验中参数的设置如表 5-1 所示。

表 5-1 仿真环境参数

参数	设定值
网络覆盖范围	800m×800m
Mesh 节点数	25
数据传输速率	54Mbit/s
信道数目	12
信道带宽	10Mbit/s
接口数	2
数据传输范围	250m
干扰范围	500m
业务流数目	5, 10, 15, 20, 25, 30, 35, 40
业务流类型	UDP
数据传输方式	CBR
节点移动模型	Random Way
仿真时间	500s
α	0.3
β	0.3
γ	0.4

5.5.2 实验结果与分析

通过三个模拟实验对本章提出的 LBI_WCETT 路由判据与常见的 WCETT 和 WCETT-LB 路由判据的网络性能进行对比。仿真中对路由判据性能的评估主要集中在路由判据对网络吞吐量、平均端到端时延以及网络丢包率的影响，以验证本章提出的 LBI_WCETT 路由判据的负载均衡效果。

1）网络吞吐量

实验一用来测试 LBI_WCETT、WCETT 和 WCETT-LB 三种路由算法在不同业务流数目（5, 10, 15, 20, 25, 30, 35, 40）、不同节点数目（20, 40）和不同信道（3, 6, 9, 12）情况下网络吞吐量上的不同。

网络吞吐量是评价一个网络性能的重要参数，是指在单位时间内通过网络（信道或接口）的数据量。其受网络的带宽或网络的额定速率的限制，依赖于当前网络的负载情况。

图 5-9 和图 5-10 给出了 LBI_WCETT、WCETT 以及 WCETT-LB 三种路由判据在不同业务流模式下网络吞吐量的变化情况。实验结果表明，三种算法的网络吞吐量随着网络中业务流数目的增加而不断地增加，但当业务流数目达到一定程度后，网络便处于拥塞状态，网络吞吐量便随着业务流数目的增加而下降。由于图 5-10 中网络节点的数目少于图 5-9 的网络节点数目，因此图 5-10 的网络拓扑更容易达到拥塞状态。LBI_WCETT 路由判据中在信道分配阶段中除了考虑了每个跳路的干扰情况外，也考虑了每个跳路的初始负载，在路由选择阶段又考虑了每个跳路已分配的业务负载。因此，仿真结果表明，LBI_WCETT 路由判据的性能要优于 WCETT 和 WCETT-LB。

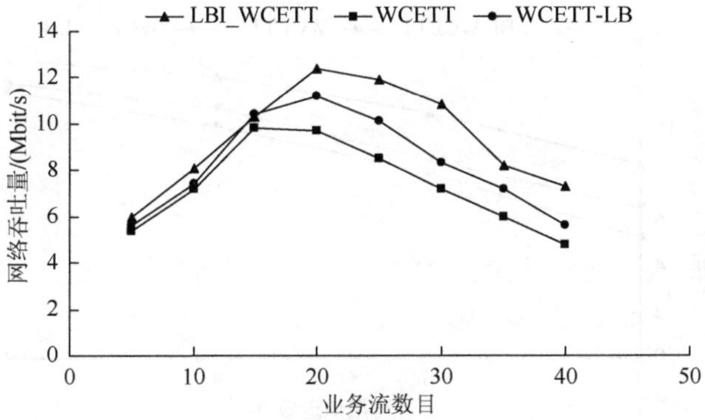

图 5-9　不同业务流数目在网络吞吐量上的比较（40 个节点）

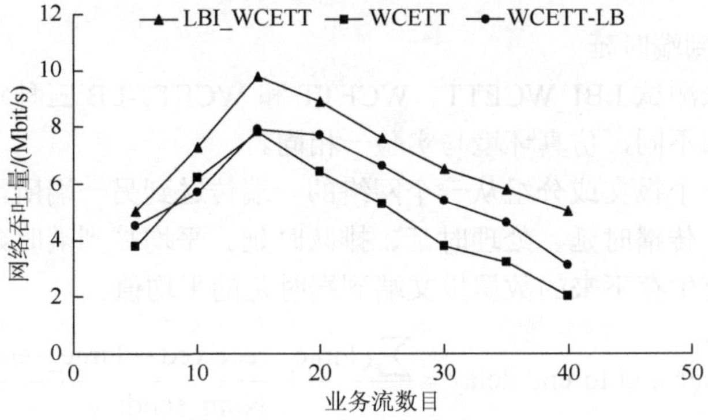

图 5-10　不同业务流数目在网络吞吐量上的比较（20 个节点）

图 5-11 给出了 LBI_WCETT、WCETT 以及 WCETT-LB 三种路由判据在不同信道数目下网络吞吐量的变化情况。由图 5-11 可以看出，在不同的信道数目下使用 LBI_WCETT 路由判据的网络吞吐量始终高于 WCETT 和 WCETT-LB 路由判据。当网络中使用 3 个信道时，LBI_WCETT 的网络吞吐量为 WCETT 的 1.6 倍，为 WCETT-LB 的 1.3 倍。当网络中使用 6 个信道时，LBI_WCETT 的网络吞吐量为 WCETT 的 1.3 倍，为 WCETT-LB 的 1.2 倍。当网络中使用 9 个信道时，LBI_WCETT 的网络吞吐量为 WCETT 的 1.2 倍，为 WCETT-LB 的 1.1 倍。当网络中使用 12 个信道时，LBI_WCETT 的网络吞吐量近似为 WCETT 和 WCETT-LB 的 1.1 倍。这是由于当网络中可用的信道数目较少时，相近链路间存在较多的干扰，而本章提出的 LBI_WCETT 路由判据在信道分配过程中使用了链路冲突图模型，综合考虑了链路负载以及链路的干扰情况，因此能较好地提升网络的传输速率、提高网络的吞吐量。

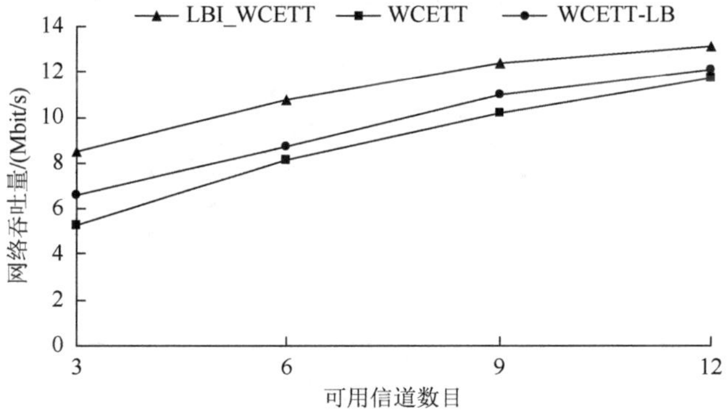

图 5-11　不同信道数目下网络吞吐量的比较

2）平均端到端时延

实验二用来测试 LBI_WCETT、WCETT 和 WCETT-LB 三种路由算法在平均端到端时延上的不同，仿真环境与实验一相同。

时延是指一个报文或分组从一个网络的一端传送到另一端所需要的时间，它包括发送时延、传播时延、处理时延、排队时延。平均端到端时延是指从源节点到目的节点所有生存下来的数据报文端到端时延的平均值。

$$\text{Average end-to-end delay} = \frac{\sum(\text{Time\_ received} - \text{Time\_sending})}{\text{Num\_sending}} \qquad (5.13)$$

图 5-12 和图 5-13 给出了 LBI_WCETT、WCETT 以及 WCETT-LB 三种路由

判据在不同业务流模式下的端到端时延的变化情况。实验结果表明，随着网络中业务流数目的增加，两种路由判据的平均端到端时延均在增大，但由于使用本章提出的 LBI_WCETT 路由判据的路由算法在信道分配阶段考虑了链路的干扰状况，能够很好地适应多信道状况，可以显著地降低通信的碰撞概率。而在路由选择阶段，又考虑了信道切换所导致的时延问题。因此，LBI_WCETT 路由判据的网络性能优于 WCETT 和 WCETT-LB 路由判据。

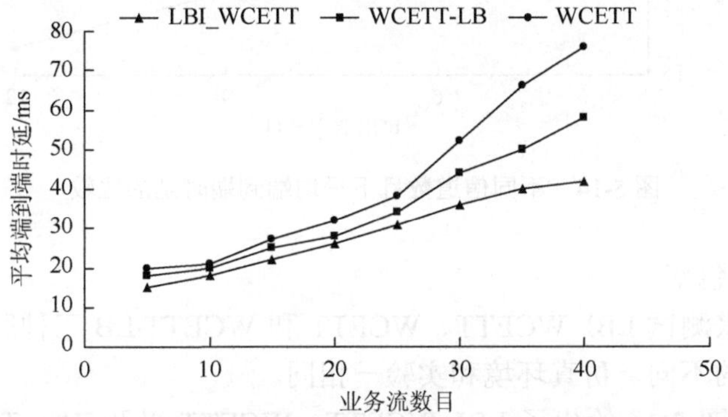

图 5-12　不同业务流数目在平均端到端时延上的比较（40 个节点）

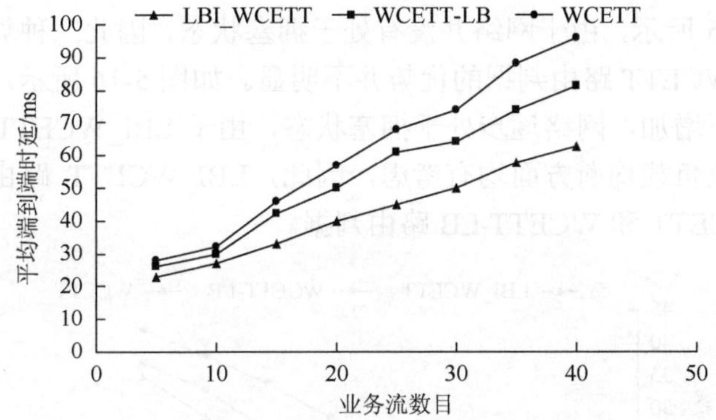

图 5-13　不同业务流数目在平均端到端时延上的比较（20 个节点）

图 5-14 给出了 LBI_WCETT、WCETT 以及 WCETT-LB 三种路由判据在不同信道数目下的平均端到端时延的变化情况。由实验结果可以看出，使用 LBI_WCETT 路由判据的路由算法的平均端到端时延要始终低于使用 WCETT 和 WCETT-LB 路由判据的路由算法，还可以看出网络中可获得的信道越多，使用 LBI_WCETT 路由判据的路由算法的性能越好。

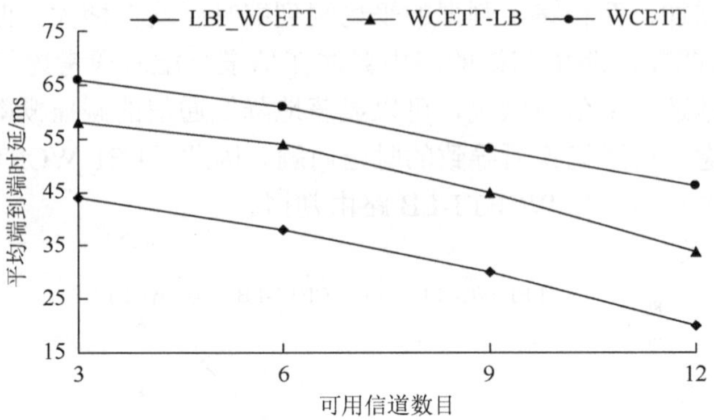

图 5-14　不同信道数目下平均端到端时延的比较

3）网络丢包率

实验三用来测试 LBI_WCETT、WCETT 和 WCETT-LB 三种路由算法在网络丢包率实验上的不同，仿真环境和实验一相同。

图 5-15 和图 5-16 给出了 LBI_WCETT、WCETT 以及 WCETT-LB 三种路由判据在不同业务流模式下网络丢包率的变化情况。实验结果表明，随着网络中业务流数目的增加，使用 WCETT 和 WCETT-LB 路由判据的路由算法的丢包率不断增加。如图 5-15 所示，由于网络并没有处于拥塞状态，因此三种算法的丢包率都比较小，LBI_WCETT 路由判据的优势并不明显。如图 5-16 所示，随着网络中业务流数目的不断增加，网络逐步处于拥塞状态，由于 LBI_WCETT 路由判据在链路干扰情况以及负载均衡方面均有考虑，因此，LBI_WCETT 路由判据的丢包率要明显低于 WCETT 和 WCETT-LB 路由判据。

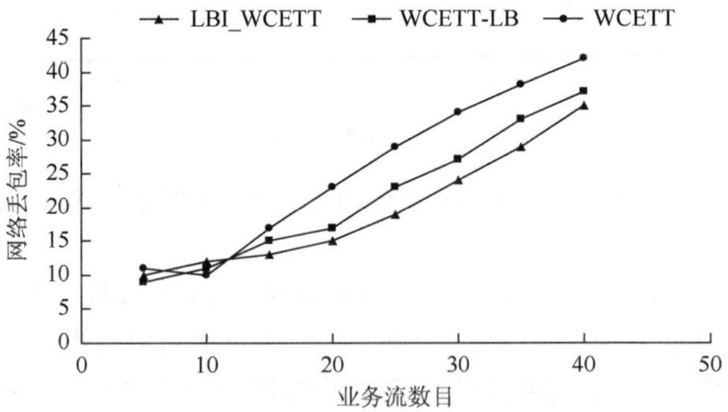

图 5-15　不同业务流数目在网络丢包率上的比较（40 个节点）

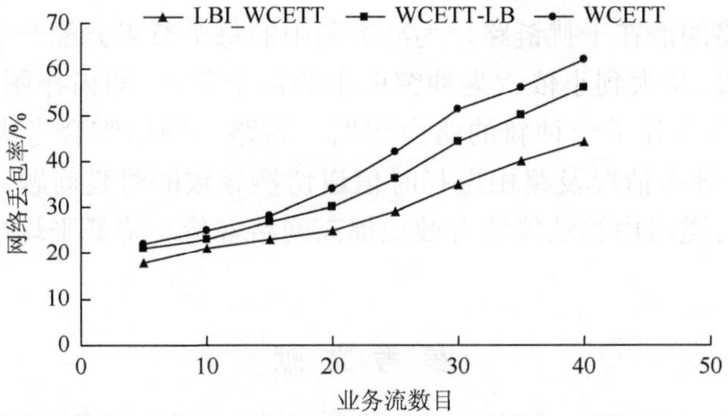

图 5-16　不同业务流数目在网络丢包率上的比较（20 个节点）

图 5-17 给出了 LBI_WCETT、WCETT 以及 WCETT-LB 三种路由判据在不同信道数目下网络丢包率的变化情况。由实验结果可以看出，使用 LBI_WCETT 路由判据的路由算法的网络丢包率始终低于使用 WCETT 和 WCETT-LB 路由判据的路由算法。因此，LBI_WCETT 路由判据的性能要优于 WCETT 和 WCETT-LB 路由判据。这也证明了 LBI_WCETT 路由判据在评估链路容量方面比 WCETT 和 WCETT-LB 路由判据更加精确。

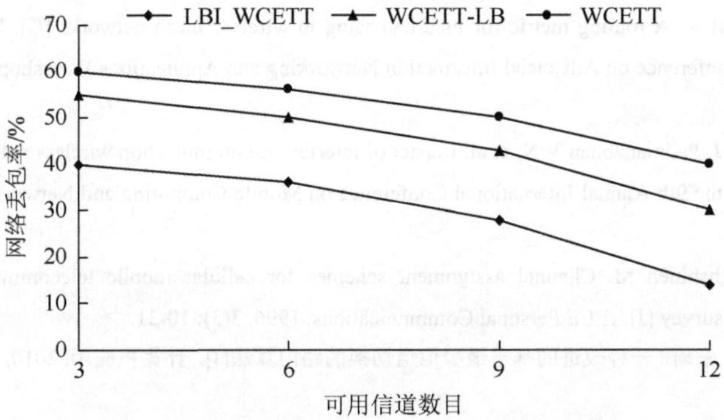

图 5-17　不同信道数目下网络丢包率的比较

5.6　本 章 小 结

多射频多信道无线 Mesh 网络中的负载均衡路由技术以及如何为每个网络接口分配无线信道成为目前的研究热点。本章在研究已有多信道路由算法的基础上提出了一种集中式的负载感知的多信道路由算法。该算法首先根据网络拓扑图构建相应的冲突图，根据流量预测模型来计算网络中每条链路的流量负载以及计算网络中每条链路的潜在干扰链路，为冲突图中的每个节点分配一个权值；依据冲突图中节点权值，从大到小依次为冲突图中的每个节点（即拓扑图中的每条链路）分配信道；最后设计了一种新的路由判据，该路由判据综合考虑了链路干扰、链路负载、信道分布情况及路由选择时信道切换导致的时延问题。仿真结果表明，本章提出的多信道路由算法能够有效地提高网络容量、降低平均端到端时延、改善网络性能。

参考文献

[1] 黄书强, 付仲良. 一种干扰避免的无线 Mesh 网络信道分配算法[J]. 武汉大学学报(信息科学版), 2013, 38(2): 248-251.

[2] Talmale R, Nimbhorkar S U. Load aware channel assignment for multi interface wireless mesh network [J]. International Journal of Engineering Research and Applications(IJERA), 2012, 2(3): 2829-2833.

[3] 任娟, 裘正定. 多信道无线 Mesh 网络中基于路径尺度的负载平衡路由[J]. 计算机研究与发展, 2008, 45(12): 2079-2086.

[4] Yang W L, Kao C C, Tung C H. Heuristic algorithms for constructing interference-free and delay-constrained multicast trees for wireless mesh networks [J]. KSII Transaction on Internet and Information Systems, 2011, 5(2): 269-286.

[5] Draves R, Padhve J, Zill B. Routing in multi-radio multi-hop wireless mesh networks [C]. Proceedings of the 10th Annual International Conference on Mobile Computing and Networking, Philadelphia, 2004: 114-128.

[6] Ma L, Denko M K. A routing metric for load-balancing in wireless mesh networks [C]. Proceeding of the 21th International Conference on Advanced Information Networking and Applications Workshops, Niagara Falls, 2007: 409-414.

[7] Jain K, Padhve J, Padmanabhan V N, et al. Impact of interference on multi-hop wireless network performance [C]. Proceedings of the 9th Annual International Conference on Mobile Computing and Networking, San Diego, 2003: 66-80.

[8] Katzela J, Naghshineh M. Channel assignment schemes for cellular mobile telecommunications systems: A comprehensive survey [J]. IEEE Personal Communications, 1996, 3(3): 10-31.

[9] 谢晋, 李宗收, 朱琦. 一种改进的基于最少信道切换的路由算法[J]. 计算机应用, 2010, 30(2): 295-298.

第6章　无线Mesh网络中基于分簇的多径路由算法研究

本书前述的研究工作主要集中于负载均衡的网关部署策略，以及无线 Mesh 网络中单路径的路由策略。随着网络的发展，单路径的路由策略已很难适用于复杂的动态无线 Mesh 网络。因此，本章在研究已有的多径路由协议的基础上，提出一种分簇的多径路由算法。采用分簇的多径路由算法的目的是解决多径路由协议的复杂性和产生较大开销问题，本书在第 3 章中提出了一种基于作用力的贪婪启发式分簇算法，该算法应用在网络规划阶段，将网关规定为簇首，而网关是在给定的候选网关集合中随机选定的，因此，该算法并没有提供一种簇首的选择策略。本章借助最大连通度分簇算法的思想提出了一个新的节点连接度的概念，根据网络中节点的连接度来选择簇首，进而提供一种有效的负载均衡路由算法，促进无线 Mesh 网络中路由器之间的负载均衡。

6.1　引　言

由于无线 Mesh 网络与 Ad hoc 网络存在一定的相似性，因此，Ad hoc 网络中的路由协议经过适当修改可以用在无线 Mesh 网络中。近年来，国内外专家学者已提出了一些适用于无线 Mesh 网络的路由协议，如文献[1]～[4]提出的各具特点的路由协议。这些协议，根据使用单条还是多条路径，可以分为单路径路由协议和多路径路由协议。单路径路由协议实现简单，易于管理和配置，但是容易出现过多的流量集中于某条路径，形成网络流量的“热点”区域，从而导致网络性能及其稳定性下降，网络服务质量难于保证。多路径路由协议就是通过使用多条好的路径来代替单条最好的路径，其目标是在源节点和目的节点对之间建立多条路径，使更多的 Mesh 路由器来承担路由任务，实现网络中 Mesh 路由器的负载均衡。

目前，一些专家学者提出了适用于无线 Mesh 网的多路径路由协议。文献[5]提出了一种利用多接口无线 Mesh 网络干扰小的特点，寻找干扰不相交的多路径路由协议，该协议能够解决 AODV-DM 协议存在的可寻率低、源节点和目的节点竞争信道的问题。文献[6]提出了一种无线 Mesh 网络中基于链路质量的多路径路由协议，协议中使用横向优先搜索算法来发现从源节点到目的节点的多条路径。文献[7]提出了一种基于动态源路由协议的多路径路由算法。该算法通过在路由发现过程引入带宽和最大转发次数等限制条件，保证了多条路由请求信息的获取；通过在节点不相交的多路径选择过程中引入多 QoS 路由代价函数，有效地实现多路径的选择；通过提供多 QoS 保障，使算法具有较高的求解效率，避免了单路径路由的不稳定等特点。但多路径路由协议目前存在的主要缺点是：①协议的复杂性；②为实现多路径产生的较大开销。在多路径路由中，维护多条到目的节点的路径导致中间节点产生更大的路由表。而且无线 Mesh 网络的平面式结构在节点数目增多时的路由开销很大，因此可扩展性也较差。本章为解决上述两个缺点，在多路径路由协议中使用了分簇算法，目标是构造一个能够覆盖整个网络并较好支持资源管理和路由的互连簇集合。为减少分簇开销，分簇算法应简单高效，当只有很少节点移动和拓扑变化较慢时，网络应尽量保持原有结构，从而减少重新分簇引入的开销并提高网络性能。

目前常见的分簇算法有最小 ID 算法、最大连接度算法、改进的最小 ID 算法、基于权值的分簇算法以及 *k*-hop 分簇算法。其中，最大连接度算法采用探测法对网络进行分簇，该算法借鉴了 Internet 中选择路由节点的方法，在一群相邻节点之间选择连接度高的节点作为簇首，其一跳邻居节点成为该簇的成员节点，并不再参与簇首的选举过程。该算法可以减少网络中簇的数目，但该算法对簇内节点数目没有限制，因而无法适应于某些对节点能力有限制的网络。传统的分簇算法中，簇半径（即簇首到簇内成员节点的最大距离）多为一跳，这些算法可归纳为单跳分簇算法。而 *k*-hop 分簇算法可以生成簇半径达 k 跳的簇，簇结构更灵活，簇首数进一步减少。但 *k*-hop 分簇算法生成的簇中没有簇首，可以防止集中式簇首造成的性能瓶颈，由于簇中每个成员都需要保存整个簇的信息，系统开销较大。因此，本章在研究上述两种分簇算法的基础上，借助最大连通度的思想，改进了 *k*-hop 分簇算法，进而提出了一种新的无线 Mesh 网络中基于分簇的多路径路由算法——Cluster_MMESH，分簇算法中提出了一个新的节点连接度的概念，根据节点的连接度来选择簇首，使簇首的选择更加简单合理；在成簇过程中，边界网关节点的选择成为关键，因此选择预期负载比较小的节点作为边界网关节点；最后根据簇间、簇内路由策略选择多条路径来进行数据传输；在流量分配阶段采用虚拟多路径模型进行流量分配。

6.2 网络模型

本章将无线 Mesh 网络抽象成一个无向图 $G = (V, E)$，其中，节点 V 表示无线 Mesh 网络中的节点集合；E 表示网络中可以相互通信的链路集合。网络中的节点

被分为三类，包括簇首节点、边界网关节点和簇成员节点。$CH = \{CH_1, CH_2, CH_3, \cdots, CH_l\}$为无线 Mesh 网络中的簇首集合，|CH|为网络中簇的数量。Candidate_Gateway（CH_i，CH_j）为簇 CH_i 和簇 CH_j 的候选边界网关节点集合，Gateway(CH_i, CH_j)为簇 CH_i 和簇 CH_j 的边界网关节点集合。Node(CH_i)为簇 CH_i 的成员节点集合。为节省簇间路由时间，本章中簇首负责维护网络中簇首及其簇成员表格（表 6-1）以及用来进行本簇与邻居簇通信的边界网关节点表格（表 6-2）。簇内的每个成员节点维护一张邻居表（表 6-3）以及一张簇内路由表（表 6-4，以图 6-1 为例）。每个边界网关节点负责维护自己所属的簇表格。$N = |V|$ 表示网络中节点总的数量。假设无线 Mesh 网络中的节点分布在一个平面上，而且每个 Mesh 路由器都配置了一个或多个全向天线射频端，并假设所有的射频端都有一个覆盖范围 R 和一个相同的干扰范围 R'。如果一个接收节点处于另外两个发射节点都可以覆盖的位置，那么分组传输就会产生相互干扰。令覆盖范围小于干扰范围，即 $R < R'$。

定义 6.1　矩阵 $A = \{a_{il}\}$，为 $N \times L$ 阶矩阵，用来存放网络中节点的分簇情况。a_{il} 的取值为 0 或 1，若在分簇阶段中，节点 v_i 收到簇 CH_l 的簇请求消息，则令 $a_{il} = 1$，否则令 $a_{il} = 0$。初始情况下，矩阵 A 中所有元素的值均为 0。

表 6-1　簇内成员节点集合表

簇 ID	簇内成员节点集合
	$Node\_ID_1$
CH_ID	⋮
	$Node\_ID_m$

表 6-2　边界网关节点表

簇 ID	邻居簇集合	边界网关节点 ID
	CH_ID_1	$Boundary\_ID_1$
CH_ID	⋮	⋮
	CH_ID_m	$Boundary\_\_ID_l$

表 6-3　邻居表

节点 ID	邻居节点集合	邻居节点所在簇 ID
	$Neighbor\_ID_1$	CH_ID_1
Node_ID	⋮	⋮
	$Neighbor\_ID_m$	CH_ID_l

表 6-4　节点 v_4 的簇内路由表

目的节点	下一跳地址	跳数	一跳邻居节点
v_4	—	0	v_3, v_5, v_{20}, v_{15}
v_3	v_3	1	v_2, v_{12}, v_{11}
v_{12}	v_3	2	v_3
v_{11}	v_3	2	v_3
v_5	v_5	1	v_4, v_{13}, v_6, v_{14}
v_{20}	v_{20}	1	v_4
v_{15}	v_{15}	1	$v_4, v_{16}, v_{17}, v_{18}$

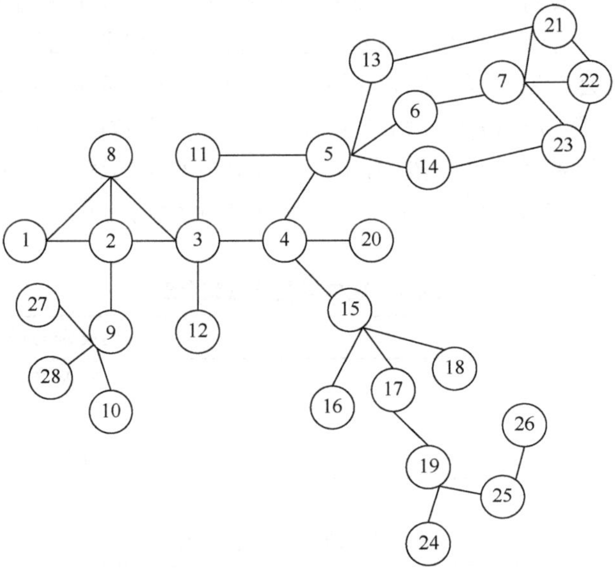

图 6-1　网络拓扑图

6.3　基于分簇的多径路由协议

本章提出的分簇的多径路由协议主要分为四个阶段：①簇的建立阶段；②多径路由建立阶段；③路径选择与流量分配阶段；④路由维护阶段。

6.3.1　簇的建立阶段

1）节点连接度

本章中，簇首负责维护网络中簇首及其簇成员表格以及用来进行本簇与邻居簇通信的边界网关节点表格。因此，为减少网络中簇首与簇内成员节点间的平均跳数，减少分组投递时延，本节根据文献[8]提出的连接度概念，重新定义了节点连接度。节点连接度越大，证明该节点与其 k 跳邻居节点的平均跳数越小，越容易成为网络中的簇首节点。

定义 6.2　节点连接度，用来描述节点与网络中其他节点的连接状况。网络中的每个节点可根据自己的邻居节点数目和 k 跳邻居节点数目 K 来计算每个节点的连接度。具体计算方法如式（6.1）所示：

$$\delta_i = \sum_{k=1}^{K} \sum_{j \in \text{Neighbor}(v_i,k)} \frac{\tau_j - \tau_i}{k} + \tau_i \tag{6.1}$$

式中，τ_i 为节点 i 的 1 跳邻居节点的个数；Neighbor（v_i, k）为节点 v_i 的 k 跳邻居节点集合。

图 6-1 为系统的网络拓扑图。以节点 4 为例，假设 K 取值为 2，则节点 4 的 1 跳邻居节点的个数为 4，节点 4 的邻居节点集合为 $\text{Neighbor}(v_4, 1) = \{v_3, v_5, v_{20}, v_{15}\}$，节点 v_3 的 1 跳邻居节点的个数为 5，节点 v_5 的 1 跳邻居节点的个数为 5，节点 v_{20} 的 1 跳邻居节点的个数为 1，节点 v_{15} 的 1 跳邻居节点的个数为 4。因此根据公式，节点 4 的连接度为

$$\delta_4 = \frac{5+5+1+4-4}{2} + 4 = 9.5$$

2）簇首的选取

Step1 计算网络中簇的初始个数 L，计算方法如式（6.2）所示：

$$L = \left|\frac{N}{D}\right| \tag{6.2}$$

式中，N 为网络中节点的个数；D 为簇中允许的最多成员节点的个数。

Step2 首先，根据公式计算网络中每个节点的连接度。其次，选择连接度值最大的节点放入簇首节点集合中并将其标记为 CH_1，此时 $CH = \{CH_1\}$。然后选择连接度值第二大的节点 v_j 并与簇首节点集合中的节点进行比较，看其是否在集合中簇首节点的 k 跳邻居集合，若 $v_j \in \text{Neighbor}(v_i, k)$，则放弃该节点，否则将该节点标记为 CH_2 并作为簇首节点放入簇首节点集合，此时 $CH = \{CH_1, CH_2\}$。算法依次进行，直到选出 l 个簇首节点为止。此时，簇首节点集合为 $CH = \{CH_1, CH_2, \cdots, CH_l\}$。

3）簇的形成

本章中，簇首节点负载管理整个簇的信息，保存簇成员信息表，边界网关节点负责簇间的通信。分簇算法要实现的目标为

$$\min K = |\mathrm{CH}|$$

约束条件：

（1）

$$\forall \mathrm{CH}_l \in \mathrm{CH}, \quad \sum_{v_i \in V} a_{il} \leqslant D$$

网络中簇内成员的个数不能超过 D；

（2）

$$\forall v_i \in V, \quad \sum_{l=1}^{L} a_{il} \geqslant 1$$

网络中任何一个 Mesh 节点必须有一个属于自己的簇；

（3）

$$|\mathrm{CH}| \leqslant L$$

网络中簇的个数不能超过 L。

簇的形成算法具体描述如下。

Step1 计算网络中簇的初始个数 L。

Step2 根据前述内容启动簇首选择算法。

Step3 启动簇生成算法。簇首节点以广播的方式向自己的 k 跳邻居节点广播 Cluster（CH_i）消息，告知自己的 k 跳邻居节点自己为簇首节点。

若中间节点只收到一个簇请求消息，则向该簇首发送请求加入簇消息 Join(v_j, CH_i)，簇首节点收到该请求加入消息后，修改自己的簇内成员节点集合表，将该节点加入自己的簇内成员节点集合表中。

若节点收到两个或两个以上的簇请求消息，则将该节点定义为候选边界网关节点。维护边界网关节点需要较大的费用，因此边界网关节点并不是越多越好。本章使用如下策略来选择边界网关节点。

计算候选边界网关节点集合中每个节点被选作候选边界网关节点的概率 ε_i。出现的概率越大，则在网络运行过程中，预期负载也将越大，因此避免将预期负载大的节点作为边界网关节点。计算方法如式（6.3）所示：

$$\varepsilon_i = \frac{\sum_{l=1}^{L} a_{il}}{L} \tag{6.3}$$

本章规定，任意两个簇之间的边界网关节点的个数为 1 个。因此，若该两个簇之间的候选边界网关节点集合的个数超过 1 个，则根据计算的 ε_i 值，将 ε_i 值最小的作为这两个簇的边界网关节点。若 ε_i 值相同，则计算该节点到达两个簇的簇成员节点的平均跳数 Avg_hop（v_i），平均跳数越小的节点，性能越好，计算方法如式（6.4）和式（6.5）所示：

$$\text{Avg\_hop}(v_i, \text{CH}_m) = \frac{\sum_{v_j \in \text{Node}(\text{CH}_m)} \text{hop}(v_i, v_j)}{|\text{Node}(\text{CH}_m)|} \tag{6.4}$$

$$\text{Avg\_hop}(v_i) = \frac{\text{Avg\_hop}(v_i, \text{CH}_m) + \text{Avg\_hop}(v_i, \text{CH}_n)}{2} \tag{6.5}$$

式中，$\text{hop}(v_i, v_j)$为节点 v_i 到达节点 v_j 的跳数。候选边界网关节点集合中不能作为边界网关节点的节点则加入平均跳数最少的簇中。

Step4　若网络中所有的节点均满足前面提出的约束条件，则簇生成算法结束，否则 $l = l + 1$，返回 Step2，直到网络中所有节点均满足约束条件为止。

Step5　输出分簇结果。

图 6-2 为根据本章提出的分簇算法进行分簇后的网络拓扑。从图 6-2 中可以看出，该网络结构共分为 4 个簇，其中，簇首集合为 $\text{CH} = \{\text{CH}_1, \text{CH}_2, \text{CH}_3, \text{CH}_4\}$。节点 v_3、v_5、v_{15} 为边界网关节点。

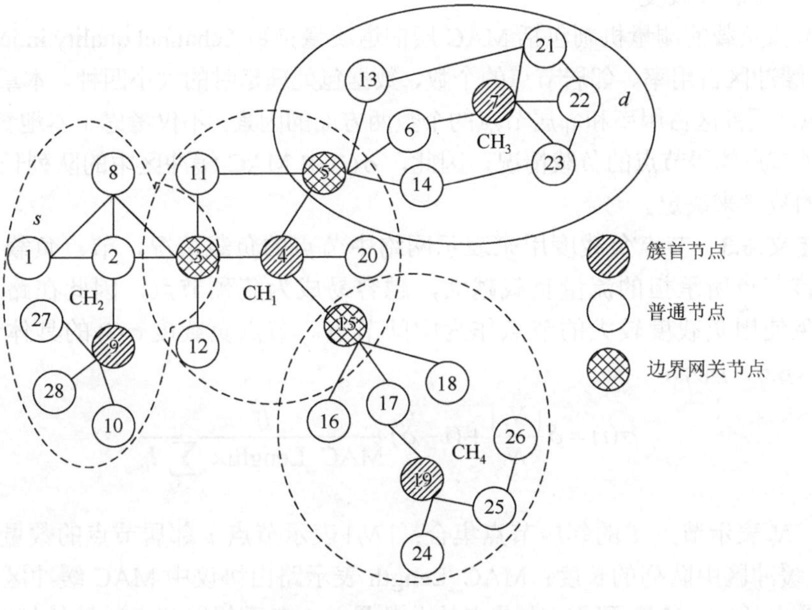

图 6-2　分簇后的网络拓扑图

4）簇首节点的信息同步

网络运行的初始阶段，每个簇的簇首节点只知道本簇的成员节点，为了能够知道其他簇的成员信息，簇首必须定期通过边界网关节点向邻居簇的簇首节点发送自己的簇间路由表。邻簇的簇首收到发来的簇间路由表后，对其中的相关表项进行更新并写入自己的簇间路由表。因此，经过一段时间后，每个簇的簇首都会获得其他簇的成员信息，如表 6-5 所示。

表 6-5 簇首同步后的簇间路由表

目的簇 ID	目的簇簇首节点	目的簇簇内节点	下一簇边界网关节点	至目的簇距离
1	v_4	$v_4, v_3, v_{11}, v_{12}, v_5, v_{20}, v_{15}$	—	0
2	v_9	$v_9, v_2, v_3, v_1, v_8, v_{27}, v_{28}, v_{10}$	v_3	1
3	v_7	$v_7, v_5, v_{13}, v_6, v_{14}, v_{21}, v_{22}, v_{23}$	v_5	1
4	v_{19}	$v_{15}, v_{16}, v_{17}, v_{18}, v_{19}, v_{24}, v_{25}, v_{26}$	v_{15}	1

6.3.2 多径路由建立阶段

1）节点负载度

节点负载的测量机制包括 MAC 层信道质量指数（channel quality index，CQI）、MAC 缓冲区占用率、邻居节点的个数、数据包处理延时的大小四种。本章综合考虑了 MAC 缓冲区占用率和邻居节点的个数两方面的因素，不仅考虑了本地负载，还考虑了该节点邻居节点的负载情况，因此，$\sigma(i)$ 由 MAC 缓冲区中的队列长度和邻居节点的数量来决定。

定义 6.3 节点负载度用来表示网络中节点的负载情况，节点负载度越大，证明该节点所承担的流量负载越大，越容易成为瓶颈节点，因此在路由选择时应避免使用负载度较大的节点作为中间节点。节点负载度 $\sigma(i)$ 的具体计算方法如式（6.6）所示：

$$\sigma(i)=\delta\frac{|N_i|}{N}+(1-\delta)\frac{l_i^2}{\text{MAC\_Length}\times\sum_{s\in N_k} l_{is}} \tag{6.6}$$

式中，N_i 表示节点 i 的邻居节点集合；$|N_i|$ 表示节点 i 邻居节点的数量；l_{is} 表示 MAC 缓冲区中队列的长度；MAC_Length 表示路由协议中 MAC 缓冲区中队列允许的最大长度；N 表示网络中节点的总数量；δ 表示邻居节点数量的相对重要性。

2）簇内多径路由

当业务流的源节点和目的节点位于同一个簇时，使用簇内路由算法来建立节点间的通信路由。当有业务流需要发送时，源节点首先查找自己的簇内路由表，看是否有到达目的节点的路由信息，如果有则直接发送数据，否则按照如下策略选择最优路径。

Step1 当源节点要向自己的邻居节点广播 RREQ 消息（信息格式如表 6-6 所

示）时，为减少计算量以及网络中传输的控制消息数量，该节点并不是向所有的邻居节点广播 RREQ 消息，而是根据式（6.6）计算所有邻居节点的负载度，将负载度较高的节点从自己的邻居节点集合中去除，以形成新的邻居节点集合 Neighbor′(S, 1)。

表 6-6　RREQ 信息格式

源地址 S
目的地址 D
会话 ID
虚拟路径 VR

Step2 根据簇内节点邻居表，在簇内建立起以 S 为源节点(VR = {S})、以 Neighbor′(S, 1)为下一跳地址的链路，并向其发送 RREQ 消息，此时修改每个邻居节点收到 RREQ 消息中的 VR 域，为防止环路产生将该节点与 VR 域中的节点进行比较，若该域中已存在该节点，证明出现环路，丢掉该 RREQ 消息，否则将该节点加入 VR 域。同时判断收到 RREQ 消息的邻居节点是否为 RREQ 消息中的目的节点，若是目的节点则结束路径发现过程，否则继续向邻居节点发送 RREQ 消息，以建立链路。若该节点不是目的节点，且没有除 RREQ 消息 VR 域中节点以外的其他邻居节点，则丢弃该 RREQ 消息。

Step3 反复执行 Step2，直到找到目的节点为止。

3）簇间路由

当业务流的源节点和目的节点不在同一个簇内时，各簇分别根据簇内路由算法计算各自的簇内路由，然后由边界网关节点进行连接，形成完整的通信路由，路由建立过程如下。

Step1 当源节点 v_1 有数据要发送时，首先查找自己的路由表，看是否有到达目的节点 v_{22} 的路由信息，如果有，则直接发送数据，否则转向 Step2。

Step2 源节点 v_1 向自己所在簇的簇首节点 v_9 发送 RREQ 消息，形成到目的节点所在簇首的多条路由向导。簇首节点收到 RREQ 消息后，查找自己的簇内成员节点集合表，发现目的节点不在当前簇内，而在簇首节点 v_7 所管辖的簇内。根据簇首邻居信息表，在簇间建立起以簇首 v_9 为源节点(VR = {v_9})，以 Cluster_Neighbor′(v_9, 1)为下一跳地址的链路，并向其发送 RREQ 消息，此时修改每个邻居簇簇首收到 RREQ 消息中的 VR 域，为防止环路产生，将该节点与 VR 域中的节点进行比较，若该域中已存在该节点，证明出现环路，丢掉该 RREQ 消息，否则将该节点加入 VR 域。同时判断收到 RREQ 消息的簇首是否为 RREQ 消息中的目的节点，若是则结束路径发现过程，否则继续向邻居节点发送 RREQ 消息，以建立链路。若该节点不是目的节点，且没有除 RREQ 消息 VR 域中节点以外的其他邻居节点，则丢弃该 RREQ 消息。

Step3 当从源节点 v_1 到目的节点 v_{22} 的簇间路由向导建立好以后，即 $\{v_1, CH_1, CH_3, v_{22}\}$，为节省路由发现时间，则根据簇内多径路由算法并通过查找簇间路由信息表同时建立从源节点 v_1 到到达簇 CH_1 必经的边界网关节点 v_3、从边界网关节点 v_3 到到达簇 CH_3 必经的边界网关节点 v_5、从边界网关节点 v_5 到目的节点的链路。

Step4 当链路建立好以后，将这些链路合并，形成多条完整的从源节点到目的节点的路径。分簇后的网络拓扑图如图 6-2 所示。

$$\mathrm{Link}(v_1, v_3) = \{v_1\text{-}v_2\text{-}v_3,\ v_1\text{-}v_8\text{-}v_3\}$$

$$\mathrm{Link}(v_3, v_5) = \{v_3\text{-}v_4\text{-}v_5,\ v_3\text{-}v_{11}\text{-}v_5\}$$

$$\mathrm{Link}(v_5, v_{22}) = \{v_5\text{-}v_6\text{-}v_7\text{-}v_{22},\ v_5\text{-}v_{13}\text{-}v_{21}\text{-}v_{22},\ v_5\text{-}v_{14}\text{-}v_{23}\text{-}v_{22}\}$$

因此

$$\begin{aligned}\mathrm{Link}(v_1, v_{22}) = \{&v_1\text{-}v_2\text{-}v_3\text{-}v_4\text{-}v_5\text{-}v_6\text{-}v_7\text{-}v_{22},\ v_1\text{-}v_2\text{-}v_3\text{-}v_4\text{-}v_5\text{-}v_{13}\text{-}v_{21}\text{-}v_{22},\ v_1\text{-}v_2\text{-}v_3\text{-}v_4\text{-}v_5\text{-}v_{14}\text{-}v_{23}\text{-}v_{22},\\ &v_1\text{-}v_2\text{-}v_3\text{-}v_{11}\text{-}v_5\text{-}v_6\text{-}v_7\text{-}v_{22},\ v_1\text{-}v_2\text{-}v_3\text{-}v_{11}\text{-}v_5\text{-}v_{13}\text{-}v_{21}\text{-}v_{22},\ v_1\text{-}v_2\text{-}v_3\text{-}v_{11}\text{-}v_5\text{-}v_{14}\text{-}v_{23}\text{-}v_{22},\\ &v_1\text{-}v_8\text{-}v_3\text{-}v_4\text{-}v_5\text{-}v_6\text{-}v_7\text{-}v_{22},\ v_1\text{-}v_8\text{-}v_3\text{-}v_4\text{-}v_5\text{-}v_{13}\text{-}v_{21}\text{-}v_{22},\ v_1\text{-}v_8\text{-}v_3\text{-}v_4\text{-}v_5\text{-}v_{14}\text{-}v_{23}\text{-}v_{22},\\ &v_1\text{-}v_8\text{-}v_3\text{-}v_{11}\text{-}v_5\text{-}v_6\text{-}v_7\text{-}v_{22},\ v_1\text{-}v_8\text{-}v_3\text{-}v_{11}\text{-}v_5\text{-}v_{13}\text{-}v_{21}\text{-}v_{22},\ v_1\text{-}v_8\text{-}v_3\text{-}v_{11}\text{-}v_5\text{-}v_{14}\text{-}v_{23}\text{-}v_{22}\}\end{aligned}$$

6.3.3 路径选择与流量分配阶段

1）虚拟多路径模型

定义 6.4 完全-非交叉路径，如果路径 P_1 与路径 P_2 有共享节点，则两者互称共享节点的交叉路径；如果两者之间有共享链路则互称共享链路的交叉路径；若路径 P_i 与其他任何路径既没有共享节点又没有共享链路，则称该路径为完全-非交叉路径。

假定源节点和目的节点间所有路径都是非交叉的，然而，实际上源节点和目的节点间的路径具有共享链路或者共享节点。这些路径可能和其他源节点和目的节点对间的路径也具有共享链路。而且，与通信模型交叉网络变化一样，路径的瓶颈链路和可靠性也可能发生变化。为了解决这些问题，本章引入了文献[9]提出的虚拟非交叉多路径（Vdmp）的概念。

假设 m 条路径 $r_1, r_2, \cdots, r_m$ 共享一个节点（链路），且共享节点（链路）的可靠性足够强，那么将该节点（链路）复制 m–1 份，形成 m 条完全-非交叉路径，这些路径称为虚拟非交叉多路径，如图 6-3 和图 6-4 所示。

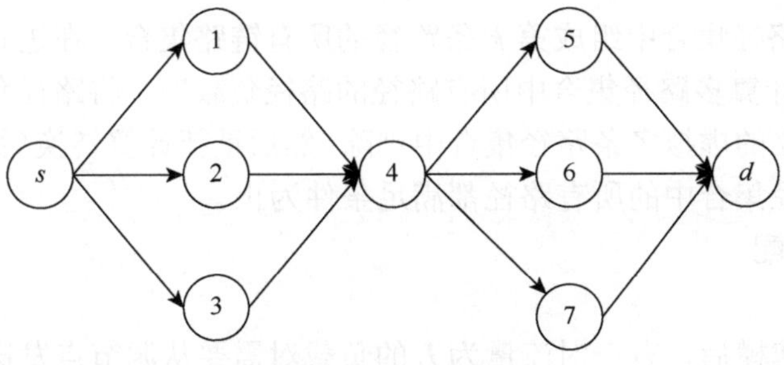

图 6-3　多路径模型

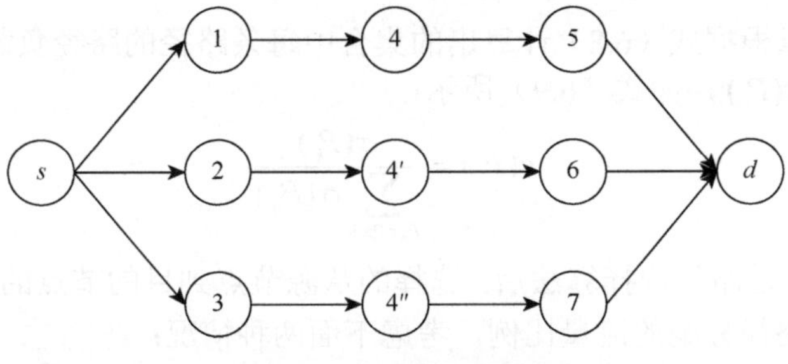

图 6-4　虚拟多路径模型

2）路径选择

根据前面提到的虚拟多路径模型，将 6.3.2 节建立的多条路径转换成虚拟的多条路径。

定义 6.5　链路负载度，用来评估网络中链路的负载情况，链路的负载度越大，则该链路越容易成为瓶颈链路。本章根据节点负载度来计算链路负载度$\sigma(e_{ij})$，计算方法如式（6.7）所示：

$$\sigma(e_{ij}) = \sigma(i) \cdot \sigma(j) \tag{6.7}$$

由于本章中的多条路径根据虚拟多路径模型进行了转换，因此转换后的链路负载度就会发生变化。在共享节点的链路中，进行转换后，与该共享节点相连链路的链路负载度变成原来的 m 倍；由共享链路转换来的每条链路的链路负载度则变成原来的 m^2 倍。

定义 6.6　路径负载度，同理路径负载度用来评估网络中从源节点到目的节点的一条有效路径的负载情况。路径负载度越小，证明该路径可继续承载的负载越大，因此在流量分配阶段应给路径负载度较小的路径分配较多的流量。路径负载度 $\sigma(P_k)$ 的计算方法如式（6.8）所示：

$$\sigma(P_k) = \prod_{e_{ij} \in P_k} \sigma(e_{ij}) \tag{6.8}$$

式中，P_k 为多路径集合中组成第 k 条路径的所有链路集合。在进行路径选择时，根据式（6.8）计算多路径集合中所有路径的路径负载度，将路径负载度超过一定值的路径从建立的虚拟多条路径集合中剔除。然后重新计算转换后的链路负载度，直到选出的路径集合中的所有路径都满足条件为止。

3）流量分配

本章假设：

（1）流量建模后，有一对流量为 L 的负载对需要从源节点发送到目的节点；

（2）路径选择阶段结束后，从源节点到目的节点的多条路径集合中共有 m 条路径。

因此，本章根据式（6.8）计算出的集合中每条路径的路径负载度，计算每条路径的负载比 $\varepsilon(P_k)$，如式（6.9）所示：

$$\varepsilon(P_k)=\frac{\sigma(P_k)}{\sum_{P_m\in \mathrm{Path}}\sigma(P_m)} \tag{6.9}$$

式中，Path 为经过路径选择算法后，选择的从源节点到目的节点的多条路径集合。

对于每条路径分配的流量比例，考虑下面两种情况：

（1）单路径传输，如果一对会话的负载过小，使用多条路径进行传输，只会增加网络的开销，因此，只选择一条最优路径来进行数据传输；

（2）多路径传输，根据式（6.9）计算的每条路径的负载比，按照这个比例将流量为 L 的负载分配给集合中的每条路径，对于负载比较小的路径分配较多的流量，从而进行数据传输。

6.3.4　路由维护阶段

在每一次成功的路由发现之后，源节点能够通过一组路径发送它的数据到目的节点。但是如果一个 MR 加入 Mesh 网络中或者 Mesh 网络中的一个 MR 突然失效，则都有可能造成无线 Mesh 网络的拓扑结构改变，从而造成网络路径中断。为保证可靠的网络连接，必须进行路由维护。

路由维护分为以下三种情况。

（1）在传输过程中，当发现某条链路的负载度高于特定阈值 P 时，不再执行路由发现过程，而是让源节点向该链路所在的路径发送 RCPL 消息，以检查路径状况，并设置暂停时间 T_{wait}，以等待 RCPL-RP 消息。在接收到 RCPL-RP 消息之后，源节点重新计算到目的节点路径的路径负载度，如果能够满足要求，则继续进行数据传输。

（2）当传输路径中的某一普通簇成员节点 v_i 移动后造成路径中断时，该节点的簇首通知源节点设置暂停时间 T_{wait}，并同时通知前一节点，当前一节点接到通知后调用存储在该路径的 RREQ 消息，依据簇内多径路由算法来形成到后一节点的新的链路，用找到的新的链路来代替中断的链路。当传输路径中的某一边界网关节点移动后造成路径中断时，首先查找所属两个簇的候选边界网关节点集合，重新选择一个合适的边界网关节点。然后依据簇内多径路由算法来形成前一节点到新的边界网关节点或者新的网关节点到后一节点的链路。源节点将原来路径的流量切换到这条路径上来，并根据新路径的负载比重新调整流量的分配。

（3）在传输过程中，若某个簇消失、出现或者几乎所有的路径都被破坏，则源节点立即重新启动一次新的路由发现过程。

6.4　仿真环境与实验结果分析

6.4.1　仿真环境

为验证本章提出的多路径路由算法，本章使用 NS2 网络仿真软件进行仿真实验，并在仿真的基础上对算法的有效性和性能进行分析。仿真环境中采用 IEEE802.11s 的 MAC 协议，采用分布式协调机制，无线链路的传输速率为 54Mbit/s。仿真环境中部署了 WCETT-LB、MMESH[6]、Cluster_MMESH 三种路由算法。模拟实验中参数的设置如表 6-7 所示。

表 6-7　模拟环境参数

参数	设定值
网络覆盖范围	800m×800m
Mesh 节点数	20, 40, 60, 80, 100
数据传输速率	0～5Mbit/s
信道数目	12
信道带宽	10Mbit/s
数据传输范围	250m
干扰范围	500m
业务流个数	30
业务流类型	UDP
数据传输方式	CBR
节点移动模型	Random Way
仿真时间	500s
δ	0.5

6.4.2　实验结果与分析

仿真实验从两个方面来验证本章提出的路由算法的性能：

（1）从簇首负载均衡度方面来验证本章提出的分簇算法的负载均衡性能优于文献[10]提出的 *k*-hop 算法的负载均衡性能。

（2）从平均路由发现延迟、路由协议开销、分组交付率三个方面来对本章提出的路由算法 Cluster_MMESH 进行仿真，并与文献[6]提出的 MMESH 路由协议、文献[11]提出的 WCETT-LB 路由协议进行对比分析。

1）簇首负载均衡度

簇首的负载大小取决于其所支持的节点多少。维护簇结构与簇间路由均需要消耗簇首一定的资源，因此不希望出现有的簇首过载、有的簇首却很清闲的状况。但由于节点经常性地加入/离开，因此很难使系统一直维持在良好的负载均衡状态。本章使用文献[12]提出的负载均衡度的概念来量化簇首负载的均衡程度，计算方法如式（6.10）所示：

$$\mathrm{LBF}=\frac{n_c}{\sum_i (x_i-u)^2} \tag{6.10}$$

式中，x_i 为簇首节点 i 的成员节点数；u 为簇首的平均邻居节点数量，$u=\dfrac{N-n_c}{n_c}$，N 为网络中的节点数；n_c 为簇首节点的数量，该值越大，表示负载均衡度越好。

由图 6-5 所示的实验结果可以看出，随着算法的运行，本章提出的 Cluster_MMESH 中的分簇算法的负载均衡度明显要高于 *k*-hop 分簇算法。这是由于本章分簇算法提出的节点连接度的概念不仅考虑了一跳邻居的个数，也充分考虑了 *k*

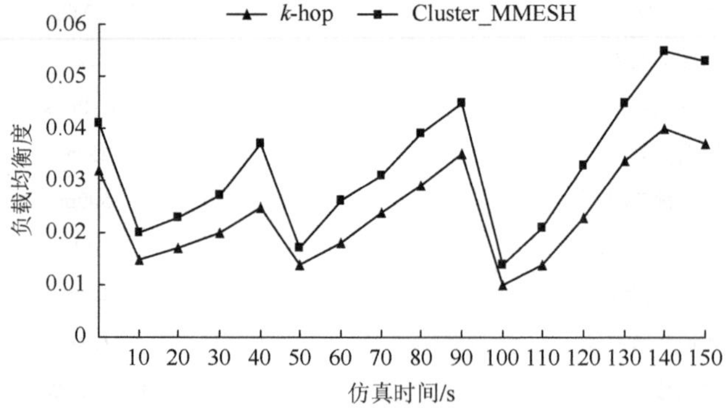

图 6-5　负载均衡度的比较

跳邻居节点的个数，同时在分簇过程中充分考虑了每个簇的簇成员的个数，并对其做了严格规定。实验结果中下滑部分是由主机的设置更新所导致的。

2）平均路由发现延迟

平均路由发现延迟（average route acquisition latency）是仿真期间所有路由延迟的平均值。路由延迟是指节点从发送 RREQ 消息查找路由开始一直到收到目的节点发送的 RREP 消息结束的这一段时间延迟。若节点一开始就有了到达目的节点的路由，则该路由延迟为 0。从该指标可看出路由协议找到路由的速度。

图 6-6 给出了 WCETT-LB、MMESH、Cluster_MMESH 三种路由算法在不同网络节点数目下的平均路由发现延迟的变化情况。仿真结果表明，平均路由发现延迟随着网络节点数目的增加而提高。当网络中节点数目较少时，三种算法的平均路由发现延迟差距不大。但随着网络节点数目的增加、网络规模的变大，Cluster_MMESH 比 WCETT-LB 和 MMESH 的平均路由发现延迟小，这是由于本章提出的多径路由算法使用了分簇策略，将网络分为若干个簇，而且在流量分配阶段使用了虚拟多路径模型，因此该算法的平均路由发现延迟比 MMESH、WCETT-LB 路由算法要小。

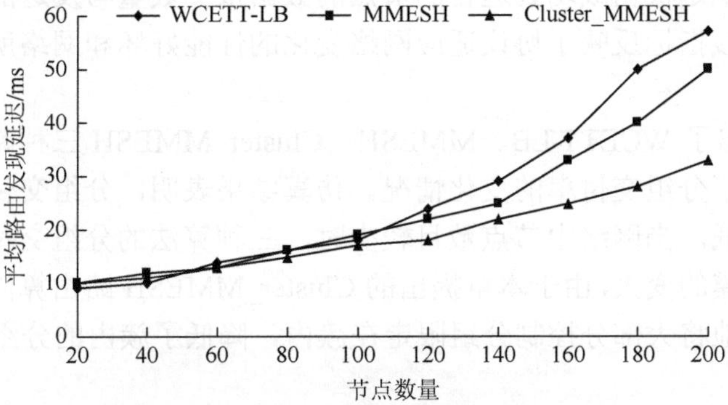

图 6-6　平均路由发现延迟的比较

3）路由协议开销

路由协议开销 = 所有路由开销控制分组（包括路由寻找分组和路由响应分组）的总数/所有路由开销控制分组与数据分组的总数。该指标是衡量不同协议性能的重要指标。

图 6-7 给出了 WCETT-LB、MMESH、Cluster_MMESH 三种路由算法在不同网络节点数目下路由协议开销的变化情况。仿真结果表明，路由协议开销随着网络节点数目的增加而提高。当网络中节点数目较少时，由于本章提出的 Cluster_MMESH 路由算法需要维护簇间路由信息，因此其协议开销比 WCETT-LB、MMESH 大。但随着网络节点数目的增加、网络规模的变大，Cluster_MMESH 比

WCETT-LB 和 MMESH 的协议开销小，这是由于本章在分簇阶段中考虑了节点连接度，在流量分配阶段中使用了虚拟多路径模型，较好地均衡了网络负载。

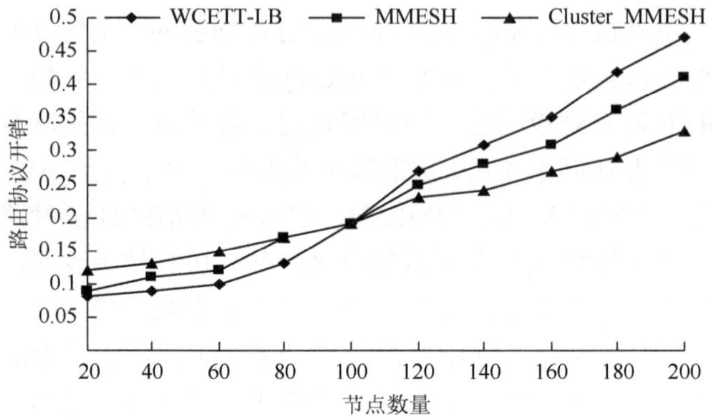

图 6-7　路由协议开销的比较

4）分组交付率

分组交付率是根据成功到达目的节点的数据报文数量与发送的数据报文总数之比得到的。该指标反映了协议适应网络变化的性能好坏和网络所能支持的最大吞吐量。

图 6-8 给出了 WCETT-LB、MMESH、Cluster_MMESH 三种路由算法在不同网络节点数目下分组交付率的变化情况。仿真结果表明，分组交付率随着网络规模的变大而降低。当网络中节点数目较少时，三种算法的分组交付率大致相同，但随着网络规模的变大，由于本章提出的 Cluster_MMESH 路由算法采用了分簇机制，能够很好地将大部分控制分组限定在簇内，降低了簇内的分组数量。

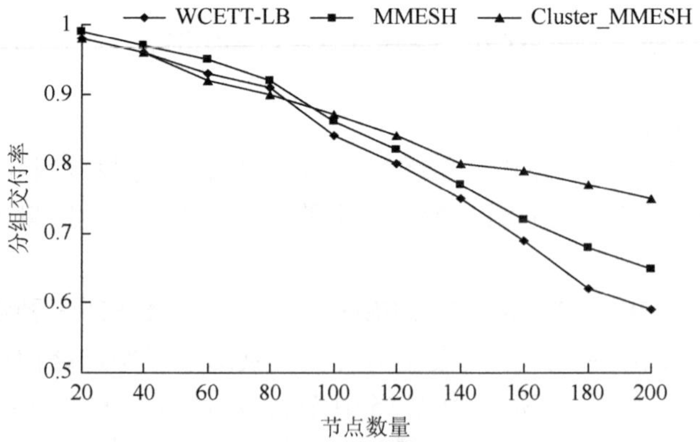

图 6-8　分组交付率的比较

6.5 本 章 小 结

针对无线 Mesh 网络中现有的多径路由协议中复杂性强以及开销大的问题，本章在对多径路由和分簇算法两者优点研究的基础上，提出了一种新的无线 Mesh 网络中基于分簇的多径路由算法，一方面利用分簇算法来提高网络的可扩展性，减少网络的开销，另一方面利用虚拟多路径模型以并行传输的方式来增加网络的吞吐量，实现负载均衡。最后实验结果表明，本章提出的分簇多径路由算法能够有效地降低网络开销、提高分组交付率、实现网络的负载均衡。

参 考 文 献

[1] Le L. Multipath routing design for wireless mesh networks [C]. 2011 IEEE Global Telecommunications Conference, Kathmandu, 2011: 1-6.

[2] Ramesh M V, Reddy T R, Latha T S. An effective implementation of multi-path routing protocol in wireless mesh networks [J]. International Journal of Advanced Research in Computer Science and Software Engineering, 2012, 2(3): 364-368.

[3] Li Y, Zhou L, Yang Y, et al. Optimization architecture for joint multi-path routing and scheduling in wireless mesh networks [J]. Mathematical and Computer Modelling, 2011, 53(3/4): 458-470.

[4] Koksal C E, Balakrishnan H. Quality-aware routing metrics for time-varying wireless mesh networks [J]. IEEE Journal, Selected Areas in Communications, 2006, 24(11): 1984-1994.

[5] Valera A, Seah W K G, Rao S V. CHAMP: A highly-resilient and energy-efficient routing protocol for mobile Ad hoc networks [C]. 4th International Workshop on Mobile and Wireless Communications Network, Stockholm, 2002: 43-47.

[6] 冯文江，张丽，薛道钦，等. 多接口无线 Mesh 网络多径及负载均衡路由协议 [J]. 系统仿真学报, 2011(11): 2518-2522.

[7] 李陶深，王春霞，葛志辉. 无线 Mesh 网络中多路径路由算法的研究[J]. 微电子学与计算机, 2013, 30(3): 75-79.

[8] 程伟明，周新运. 一个用于 Ad hoc 网络的分簇算法[J]. 计算机学报, 2005, 28(5): 864-869.

[9] 安辉耀，彭伟，卢锡城. MANET 多路径路由中最大可靠性路径选择算法[J]. 国防科技大学学报, 2006, 28(3): 64-70.

[10] Sivavakeesar S, Pavlou G. A prediction-based algorithm to achieve quality of service in multihop Ad hoc networks, 2002 [EB/OL]. http://pdfs.semanticscholar.org/668d/bed8bc19370f478bdbf7d71ed938e9a984fd.pdf [2013-04-05].

[11] Shi Y, Eberhart R. A modified particle swarm optimizer [C]. IEEE International Conference on Evolutionary Computation, Anchorage, 1998: 69-73.

[12] Chatterjee M, Das S K, Turgut D. WCA: A weighted clustering algorithm for mobile Ad hoc networks [J]. Journal of Clustering Computing, 2002, 5(2): 193-204.

第7章　认知无线Mesh网络中公共控制信道选择算法

针对认知无线 Mesh 网络（cognitive wireless mesh network，CogMesh）中的控制信道选择问题，本章提出了一种新的公共控制信道选择算法。网络中每个认知用户的可用信道列表不可能总是拥有相同的信道，因此本章提出的控制信道选择算法将选择多条信道作为控制信道，为减少由信道切换所导致的时延，在选择每条控制信道时综合考虑了可被选择公共控制信道概率以及上一周期中主用户在该信道上的占用时间。仿真实验结果表明，本章提出的控制信道选择算法可有效地控制网络中控制信道的数目，减少网络建立时间，提高网络的平均通信成功率。

7.1　引　　言

认知无线 Mesh 网络具有认知无线电网络的认知能力和频谱管理能力，如频谱感知、频谱决策、频谱移动、频谱共享等，融合到无线 Mesh 网络的节点中，使得原有的无线 Mesh 网络中的用户节点都具有认知能力和重配置能力。因此，认知无线 Mesh 网络的节点可以从无线环境中感知并捕捉频谱信息及其在时间和空间上的变化，避免对其他用户特别是对授权用户产生干扰，可有效解决无线通信频谱资源匮乏的难题[1, 2]。重配置能力用于对无线 Mesh 网络进行调整，如对频谱、传输功率和射频前端等底层参数的重新配置，以及以上各层协议的调整等，使得认知无线 Mesh 网络能够在无线环境下动态操作。

认知无线 Mesh 网络根据结构层次可以分为三类：平面网络结构、骨干网络结构和混合网络结构。

（1）平面网络结构。平面网络结构的无线 Mesh 网络类似于移动 Ad hoc 网络，具有自组织、多跳级联特性。网络节点是具有 Mesh 路由器功能的增强型终端用户设备，因此也称为终端设备网络结构。网络中的终端用户节点配置 RF 装置，因此通过无线信道组成一个点到点的网络。由于节点可以任意移动，网络拓扑是动态变化的。两个无法直接通信的用户可以通过其他用户的分组转发功能进行数据通信，网络不需要任何基础设施的支持，可以独立运行。

（2）骨干网络结构。骨干网络结构的网络可以分为两层，一层是由无线路由器组成的骨干网，具有认知能力，能够感知空闲频谱，可以用于骨干网及其子网的通信；另一层则是一些普通的终端节点，如手机、笔记本电脑和 PDA 等，不具有路由转发功能及认知功能。终端用户节点通过路由器接入无线网络中，实现网络节点的互连，但是任意两个终端都不能直接通信。

（3）混合网络结构。混合网络结构结合了以上两种网络结构，在此种结构下，终端节点增加了具有转发和路由功能的 Mesh 设备，终端节点之间可以直接或间接通信。此外，终端节点设备还能同时支持接入上层网络 Mesh 路由器和本层网络对等节点的功能。

认知无线 Mesh 网络的研究才刚刚开始，相关的协议和标准还没有形成，尤其是控制信道的选择，存在着许多问题和挑战。目前，认知无线 Mesh 网络中公共控制信道的设计主要有 3 种方案：划分一段专门的频谱作为公共控制信道、选择一段免执照频段作为公共控制信道以及采用超宽带技术进行通信传输[3-5]。文献[6]分析了已有控制信道设计方案，总结了公共控制信道面临的挑战。文献[7]提出一种基于博弈论的适用于认知 Ad hoc 网络的公共信道建立算法，使用户通过博弈过程最终收敛到同一个空闲信道上，完成公共信道的建立，并能在一定程度上保证信道质量，但该算法在用户数量比较多的情况下，性能可能会下降。文献[8]提出了一种贪婪启发式的控制信道选择算法，该算法以最小化控制信道集合中总的频谱带宽为目标。文献[9]针对认知用户的可用信道列表动态改变的问题，提出了一种基于仲裁的信道跳跃（quorum-based channel hopping，QCH）的控制信道选择协议，该协议在假设全球时钟同步的条件下，提出了两种同步 QCH 系统。文献[10]提出了一种基于频谱跳跃自适应的多条控制信道（adaptive multiple rendezvous control channel，AMRCC）算法，该算法允许在主用户（primary user，PU）活动的情况下认知用户（cognitive user，CU）可持续地进行数据传输。

综上所述，目前提出的控制信道选择算法中并未考虑 PU 在信道上的活跃时间以及没有较好地控制网络中控制信道的数目。因此，本章针对该问题提出一种新的控制信道选择算法，该算法将选出一组信道作为控制信道。为了减少信道切换所导致的时延，要最小化控制信道集合中控制信道的数目，因此在该组信道中在选出每一条信道作为控制信道时，综合考虑了每条信道可被选择控制信道的概率以及上一周期中 PU 在该信道上的活跃时间。

7.2　网络模型

为研究认知无线 Mesh 网络的控制信道选择问题，本章使用无向图 $G(V, E)$ 来表示认知无线 Mesh 网络骨干网，其中，V 表示 CogMesh 节点的集合。认知无线 Mesh 网络中的节点由两部分组成，其中，P 表示授权用户，$P = \{P_1, P_2, P_3, \cdots, P_M\}$，$M$ 为网络中授权用户的个数；S 表示认知用户，$S = \{S_1, S_2, S_3, \cdots, S_L\}$，$L$ 表示网络中认知用户的个数，假设网络中共有 N 个用户，则 $N = M + L$。E 表示认知用户之间的边集合。Node(k)表示网络中可使用信道 k 作为控制信道的节点集合。CCS 用来存放可作为控制信道的一组信道集合。Collection 用来存放控制信道选择算法中目前可使用 CCS 集合中的一组信道作为控制信道的节点集合。

本章主要研究由若干个认知用户 S 组成的认知无线 Mesh 网络。假设：

（1）认知无线 Mesh 网络中，共有 Q 个信道，其中授权用户 P 占据 M 个授权信道；

（2）每个认知用户 S 都存有一张可用信道列表（available channel list，ACL），可用信道列表中用来存放认知节点可获得的除主用户占用的信道之外的信道；

（3）网络中所有信道的信道容量相同，为一固定值 C。

定义 7.1　矩阵 $A = \{a_{ij}\}$，为 $N \times M$ 阶矩阵，用来表示网络中每个节点的可用信道情况，其中，$i = 1, 2, \cdots, N$，$j = 1, 2, \cdots, Q$。若 $a_{ij} = 1$，表明信道 j 可分配给节点 S_i 作为控制信道，否则，$a_{ij} = 0$。

定义 7.2　矩阵 $B = \{b_1, b_2, \cdots, b_k, \cdots, b_Q\}$，用来表示每个信道可被选择作为控制信道的概率，其中

$$b_k = \frac{\sum_{i=1}^{N} a_{ik}}{N} \tag{7.1}$$

7.3　控制信道选择算法

7.3.1　PU 在信道上活跃时间的计算

在一个周期 T 内，PU 活跃时间越短的信道在认知无线 Mesh 网络中越稳定，也就越适合作为公共控制信道。PU 在信道 k 上的活跃时间 T_k^{PU} 的计算方法如式（7.2）所示：

$$T_k^{\mathrm{PU}} = \frac{T - T_k^{\mathrm{idle}}}{T} \tag{7.2}$$

式中，T_k^{idle} 为一个周期内该信道的空闲时间，可通过设置计时器得到。

定义 7.3　矩阵 $T=\{t_1, t_2, \cdots, t_k, \cdots, t_Q\}$，用来表示网络中每个信道 k 在上个周期中被所有授权用户占用的情况，其中

$$t_k = \sum_{m=1}^{M} T_k^{P_m} \tag{7.3}$$

定义 7.4　矩阵 $W=\{w_1, w_2, \cdots, w_k, \cdots, w_Q\}$，用来表示网络中每个信道 k 在上一周期中授权用户的占用情况与矩阵 B 的加权和：

$$W = \alpha B + \beta T \tag{7.4}$$

式中，$\alpha + \beta = 1$。

7.3.2　控制信道选择算法流程

认知无线 Mesh 网络中，每个认知节点的可用信道列表中的信道有可能都是不同的，不可能只选择一条信道作为整个网络的控制信道。因此，本章提出的控制信道选择算法，将会选出多条控制信道作为整个网络的控制信道，以保证网络中认知节点能够全部覆盖，同时最小化控制信道的数量。本章以图 7-1 给出的网络拓扑结构为例。

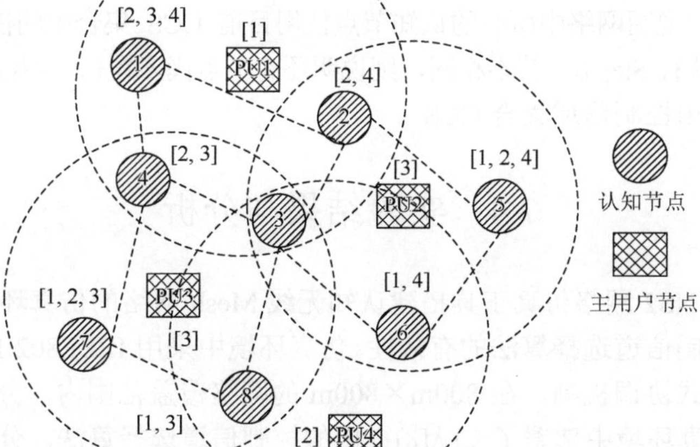

图 7-1　认知无线 Mesh 网络模型

Step 1 初始化网络，并根据网络拓扑图（图 7-1）计算网络中每个节点的可用信道，设置矩阵 A，如图 7-2 所示。

	1	2	3	4
1		1	1	1
2		1		
3				
4		1	1	
5	1	1		1
6	1			1
7	1	1	1	
8	1		1	

图 7-2　矩阵 A 示意图

Step 2 根据矩阵 A 及式（7.1）计算矩阵 B 中每个元素的值，即网络中每个信道可被选择作为控制信道的概率。

Step 3 根据上一周期中，每个信道被主用户的占用情况以及式(7.2)～式(7.4)，计算矩阵 T 及矩阵 W 中每个元素的值。

Step 4 根据矩阵 W 中每个元素的值，首先选择值最大的信道 k 作为控制信道，并放入集合 CCS 中，同时，将 Node(k)中的节点放入集合 Collection 中，去除相同节点，同时将矩阵 W 中 w_k 元素的值置 0。

Step 5 比较集合 Collection，判断该集合与网络中所有的认知节点集合 S 是否相同，若相同，则说明网络中所有的认知节点使用目前 CCS 集合中的控制信道即可覆盖整个网络，执行 Step 6。若不相同，则说明还有节点尚未覆盖，继续执行 Step 4。

Step 6 输出控制信道集合 CCS。

7.4　实验结果与分析

本章使用 NS2 网络仿真工具搭建认知无线 Mesh 网络的仿真环境[11]，来验证本章提出的控制信道选择算法的有效性。仿真环境中采用 IEEE802.11s 的 MAC 协议，采用分布式协调机制。在 800m×800m 的网络覆盖范围内，分布 4 个 PU 和 12 个 CU。仿真环境中部署了文献[8]提出的控制信道选择算法，分别通过控制信道数目、CU 网络建立时间以及平均通信成功率 3 个模拟实验来验证本章提出的控制信道选择算法。

7.4.1　控制信道数目

实验一用来测试本章提出的控制信道选择算法与文献[8]提出的控制信道选

择算法在不同信道数目（2, 4, 6, 8, 10, 12）情况下，控制信道数目的不同。

由图 7-3 所示的实验结果表明，当网络中每个 CU 的信道数目较少（如 2, 4）时，两种算法的控制信道数目相同，本章提出的控制信道选择算法优势不大。但随着网络中每个 CU 信道数目的增加，两种算法的控制信道数目均会增加，而且本章提出的控制信道选择算法中控制信道的数目比文献[8]提出的算法的控制信道数目要少，这是由于本章在选择控制信道时，优先考虑那些存在较多 CU 可用信道列表里的信道（可作为控制信道的概率）。

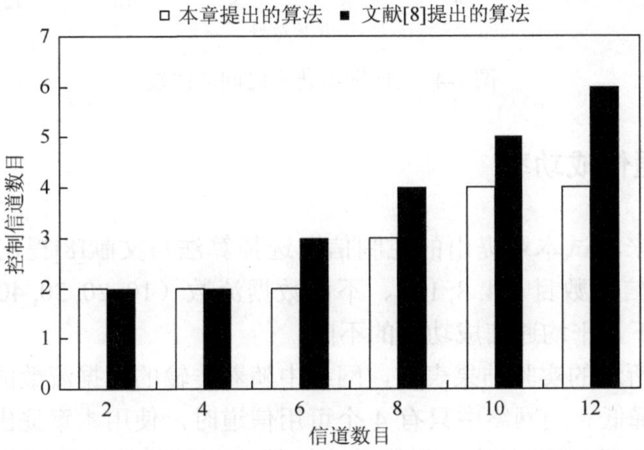

图 7-3　控制信道数目的比较

7.4.2　CU 网络建立时间

实验二用来测试本章提出的控制信道选择算法与文献[8]提出的控制信道选择算法在不同信道数目（2, 4, 6, 8, 10, 12）情况下，CU 网络建立时间的不同。CU 网络建立时间是全部 CU 接入网络所用的平均时间。

图 7-4 所示的实验结果表明，网络中 CU 网络的建立时间随着使用信道数目的增加而增加。但本章提出的控制信道选择算法可有效地控制网络中的控制信道数目，因此可有效地减少数据传输时由信道切换所导致的切换时延。由此可见，本章提出的控制信道选择算法的 CU 网络建立时间要低于文献[8]提出的控制信道选择算法的 CU 网络建立时间。

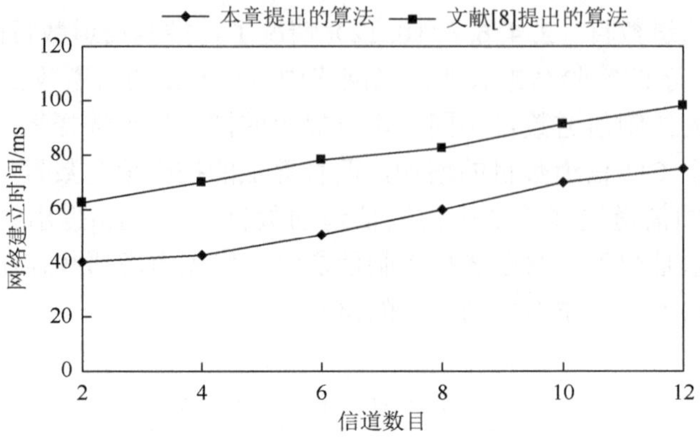

图 7-4　CU 网络建立时间的比较

7.4.3　平均通信成功率

实验三用来测试本章提出的控制信道选择算法与文献[8]提出的控制信道选择算法在不同信道数目（4, 8, 12）、不同数据流数（10, 20, 30, 40, 50, 60, 70, 80, 90, 100）情况下，平均通信成功率的不同。

由图 7-5 所示的实验结果表明，网络中随着传输的数据流数的增加，平均通信成功率逐渐降低。当网络中只有 4 个可用信道时，使用本章提出的控制信道选择算法与使用文献[8]提出的控制信道选择算法所导致的平均通信成功率基本相同。而当网络中拥有 8 个、12 个可用信道时，本章提出的控制信道选择算法可有

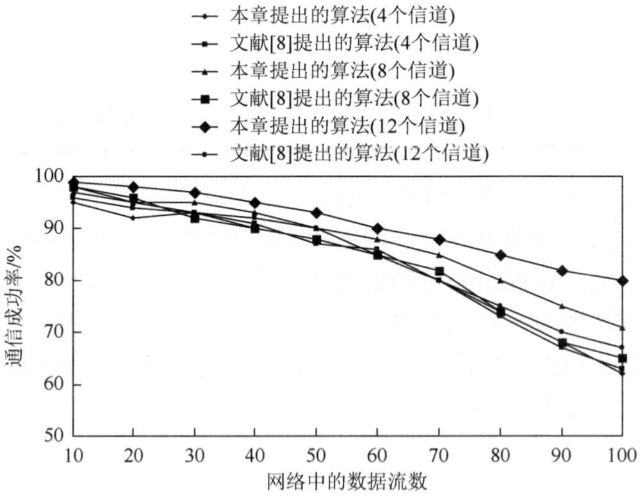

图 7-5　平均通信成功率的比较

效地控制网络中控制信道的数目，因此可降低网络建立时间，减少数据传输的等待时延，进而可缓解由网络中数据流的增加所导致的网络拥塞，增加网络的平均通信成功率。

7.5 本 章 小 结

认知无线 Mesh 网络是下一代无线宽带通信系统的主要形式之一。因此为解决认知无线 Mesh 网络中的控制信道选择问题，本章提出了一种有效的公共控制信道选择算法。该算法选出一个控制信道集合，该集合中在选出每一条信道作为控制信道时，综合考虑了每条信道可被选择控制信道的概率以及上一周期中 PU 在该信道上的活跃时间，同时为了减少信道切换所导致的时延，还要最小化控制信道集合中控制信道的数目。最后仿真实验结果表明，本章提出的控制信道选择算法可有效地控制网络中控制信道的数目，减少网络建立时间，提高网络的平均通信成功率。

参 考 文 献

[1] Akyildiz I F, Wang X, Wang W. Wireless mesh networks: A survey [J]. Computer Networks, 2005, 47(4): 445-487.

[2] 仵国锋, 季仲梅, 张静, 等. 认知无线 Mesh 网络[J]. 信息工程大学学报, 2010, 11(4): 429-433.

[3] Brandon F L. A survey of common control channel design in cognitive radio networks [J]. Physical Communication, 2011, 4(1): 26-39.

[4] Chowdhury K, Akyildiz I. OFDM based common control channel design for cognitive radio Ad hoc networks [J]. IEEE Transactions on Mobile Computing, 2011, 10(2): 228-238.

[5] Bian K G, Park J M, Chen R L. A quorum-based framework for establishing control channels in dynamic spectrum access networks [C]. Proceedings of the 15th Annual International Conference on Mobile Computing and Networking, Beijing, 2009: 25-36.

[6] 王晓飞, 张希, 张权, 等. 认知无线网络 MAC 协议的控制信道建模[J]. 计算机工程, 2013, 39(1): 106-115.

[7] 韩小博, 罗涛. Ad hoc 认知无线电网络中基于博弈论的公共信道建立算法[J]. 电子学报, 2010, 38(7): 1699-1704.

[8] Chen J, Yu H, Hua J, et al. Optimization algorithm of control channel selection for wireless networks[J]. Mathematical Problems in Engineering,2013(1):1-5.

[9] Bian K G, Park J M, Chen R L. Control channel establishment in cognitive radio networks using channel hopping [J]. IEEE Journal on Selected Areas in Communications, 2011, 29(4): 689-703.

[10] Cormio C, Chowdhury K R. Common control channel design for cognitive radio wireless Ad hoc networks using adaptive frequency hopping [J]. Ad hoc Networks, 2010, 8(4): 430-438.

[11] The network simulator-ns-2 [EB/OL]. http://www.isi.edu/nsnam/ns[2010-03-04].

第 8 章 移动群智感知网络研究展望

物联网发展到今天，对透彻全面感知的需求越来越强烈。发展了十几年的专门部署的无线传感器网络已进入一个新的发展方向，即利用现有的感知设备和已有的通信网络构建移动群智感知网络。它与无线传感器网络共同构成了物联网当前两种最重要的感知网络。

8.1 移动群智感知网络简介

8.1.1 移动群智感知网络概念

移动群智感知网络是一种利用广大普通用户现有的、集成大量传感器的移动设备（如手机、平板电脑等）构成的感知网络。由于目前还处于初期研究发展阶段，所以还没有一个统一和严格的定义。群智感知[1, 2]的概念源于 2006 年《连线》（*Wired*）期刊提出的专业术语“众包”（crowd sourcing）的思想。众包感知是一种利用互联网进行工作任务划分、创意分享以及分析的任务解决方案，它区别于其他任务的解决模式在于众包感知是将工作任务通过互联网分配到具备处理能力的节点上，从而实现工作任务的解决。随着时间的推移，近几年国内外专家学者将众包感知概念和移动技术结合在一起，把具备通信能力和感知能力的移动终端设备作为网络的基本通信感知节点，结合已经部署的通信网络，完成从信号感知—信号传输—信号处理完整的有意识或者无意识的节点间协作，从而形成了全新的网络模型——移动群智感知网络。

这里给出一个目前被学术界广泛认可的移动群智感知网络基本定义。普通用户的移动设备（如手机、平板电脑等）作为基本的感知单元，通过移动互联网（如 WiFi、蜂窝网络和有线网络等）进行有意识或无意识的协作，实现感知任务分发与感知数据收集，完成大规模的、复杂的社会感知任务。在当前计算机领域中，群智感知与参与式感知（participatory sensing）、社群感知（social sensing）以及众包的概念很相似。它们都是以大量普通用户参与为基础，其基本思想都是一致的，即人多力量大，发挥群体的智慧。

移动群智感知网络是感知物联网发展到今天的一个全新的网络形态，它从传统的无线传感器网络发展而来，却与之有很大的区别。相比于传统的无线传感器网络，移动群智感知网络最大的不同来自于参与用户的移动性。人的参与带来了一系列新的问题和挑战，包括人的移动性、数据收集、数据质量评估和管理、大数据处理、资源优化、隐私、安全、激励机制等[3]。除此之外，移动群智感知网络的感知节点数量更大、类型更多、范围更广，感知数据的传输方式更加多样，参与感知活动的移动用户之间的协作也将面临巨大的挑战。

在传统的无线传感器网络中，人仅仅作为感知数据的最终“消费者”。相比而言，移动群智感知网络一个最重要的特点是人将参与数据感知、传输、分析、应用等整个系统的每个过程，人既是感知数据的“消费者”，也是感知数据的“生产者”，套用一个流行的新造词，可将其称为“产消者”（prosumer）。这种以人为中心的基本特征为物联网感知和传输手段带来了前所未有的机会，具体表现如下[4, 5]。

（1）网络部署成本更低。首先，城市中已有大量的移动设备或车辆，无需专门部署；其次，人的移动性可以促进感知覆盖与数据传输。一方面，随着移动设备的持有者随机地到达各个地方，这些节点即可随时随地进行感知；另一方面，由于移动节点之间的相互接触，这些节点可以使用“存储-携带-转发”的机会传输模式在间歇性连通的网络环境中传输感知数据。

（2）网络维护更容易。首先，网络中的节点通常具有更好的能量供给，更强的计算、存储和通信能力；其次，这些节点通常由其持有者进行管理和维护，从而处于比较好的工作状态。例如，人们总是可以随时根据需要来对自己的手机等移动设备进行充电。

（3）系统更具有可扩展性。我们只需要招募更多的用户参与即可满足系统应用规模的扩大。

8.1.2　移动群智感知网络案例分析

1）案例 1：公交车到站时间预测[6]

对在城市生活的人们来说，公交车是大多数人出门最常见的交通工具。随着生活节奏越来越快，公交车到达每站的准确时间对于出行的乘客来说是很有价值的信息。许多公交公司提供了公交运行时刻表，乘客可以从中了解到公交车的首末车时间、发车时间间隔等信息。但是这些信息往往太过粗略，再加上当时当地交通状况的影响，人们很难得到准确的公交车到达时间。许多商业公司开始提供公交车到达时间方面的信息，但是这样的服务都必须得到公交公司的配合。2011年，来自美国伊利诺伊大学芝加哥分校的科研人员开发出一套基于智能手机的公交车到站预测系统，通过在公交车上嵌入智能手机，收集公交车运行的相关数据。然而不可避免地，改造公交车需要公交公司的许可与配合，同时也会带来更高的系统部署成本。

将上述应用向普适的方向再推进一步，新加坡南洋理工大学的 Zhou、Zheng 和 Li 开发出一套基于参与感知的公交车到达时间预测系统。这套系统的参与者正是经常乘坐公交车的乘客，整个系统不需要借助于公交公司的配合，乘客群体自己就可以合作地实现这个系统。该系统的基本思想是当前正在乘车的乘客为一个后台服务器提供实时的公交车信息，服务器通过乘客提供的信息计算预测每一辆公交车到达每个公交车站的时间，并将这样的实时信息提供给正在等公交车或者准备搭乘公交车的人们。

那么乘客怎么提供实时的公交车信息呢，最简单常见的方法是 GPS 定位，这是大部分智能手机都可以完成的功能。但是 GPS 有其固有的两个缺陷：一是在公交车内，由于车厢阻挡了 GPS 卫星的信号，GPS 在公交车内定位精度常常不够准确；二是 GPS 定位的能耗非常高，而智能手机的电池容量相对较小，所以大多数用户平时都是关闭 GPS 模块的。如果采用 GPS 定位，过高的能耗很可能无法吸引乘客来参与该系统。基于这些原因，研究人员利用手机信号来定位公交车。相对于 GPS 定位，利用手机信号几乎不会给手机带来额外的能量消耗，因为手机需要时刻保持与信号塔的连接。但是传统的利用手机信号塔定位的方法精度很低，无法满足需求。实际上，研究人员发现并不需要精确地定位出公交车二维的物理位置，由于公交车总是在特定的公交线路上行驶的，并不会走到公交线路以外的路段上去，所以每辆公交车的路线其实是非常确定的。如果将公交线路拉成一条直线，那么公交车就是在这条直线上行驶，系统只需要知道公交车在这个一维空间中的位置就可以了。在手机蜂窝网络中，由于单个手机信号塔的覆盖范围比较小（通常是 100～500m），所以乘客在乘坐公交车运动的时候，乘客的手机会不断地从一个信号塔转到另一个信号塔，整个公交线路就形成一个信号塔的序列。该系统用信号塔序列来表示公交线路。一个公交线路可以用一个信号塔序列唯一地表示。

该系统使用一些手机上的轻量级传感器（如加速度计、麦克风等）来实现自动数据采集和传输。图 8-1 显示了整体的系统框架图。整个系统主要分为三个部分：请求用户、共享乘客和服务器。请求用户向服务器发出某一路公交车到达某一个公交车站的时间预测的请求。共享乘客为后台服务器提供手机传感信息。当共享乘客上公交车之后，数据采集模块开始采集周围环境的信号。由于乘客可能采用不同的交通方式，系统需要检测当前乘客是否在乘坐公交车。如图 8-1（左侧）所示，乘客的手机周期性地采集周围的信号并且智能地识别出公交车的特殊信号特征。一旦手机检测到乘客在公交车上，手机便开始周期性地采集手机信号塔信号和加速度信号并且发送给后台服务器。整个过程中，公交车检测、数据采集和发送都是自动进行的，不需要用户的手动输入。后台服务器完成整个系统中大部分的计算任务。服务器接收来自共享乘客的数据。通过将共享乘客上传的信号塔信号与数据库中的信号塔信号进行序列匹配，服务器自动地识别出共享乘客乘坐的具体是哪一路公交车，并根据信号塔信号将公交车定位在一维的线路上，从而为请求用户预测公交车到达时间。

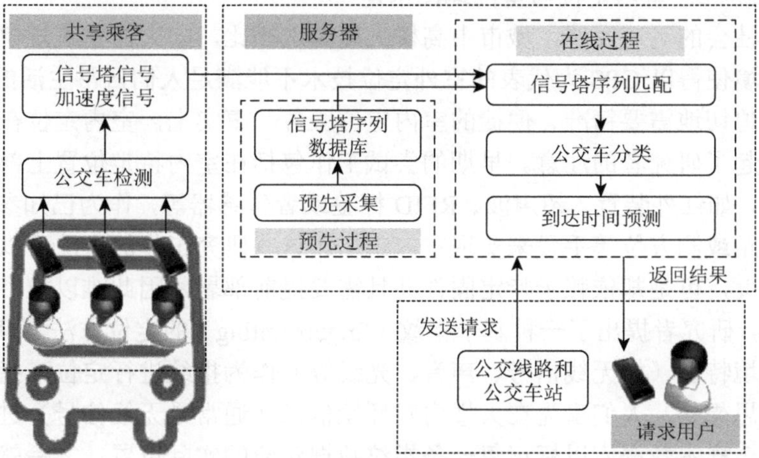

图 8-1　公交预测系统整体框架

整个系统中，公交车检测和公交车分类是较为核心的两个部分。现代的公交系统几乎都使用公交 IC 卡来收取费用，当乘客上车的时候，需要刷卡付费。而每次刷卡的时候，读卡器都会发出“嘀”的回复声来说明支付成功。而这“嘀”的一声通常来说是只有在公交车上才能听到的特定的声音。从频域上看，新加坡公交车刷卡声音是由 1kHz 和 3kHz 声音信号合成的。

通过检测这两个频带的声音信号，系统就可以准确地检测到公交车。而在其他地方人们或许也能听到类似的“嘀”声，但是从频率上看，这样的声音是非常特殊的，从而可以成为新加坡公交车的一个特征，该系统通过检测这个特征来自动地识别出公交车。公交车分类是通过信号塔信号序列匹配的方法实现的。当乘客上传了当前公交车的信号塔序列之后，服务器将乘客上传的信号塔信号与数据库中的信号塔信号进行匹配，计算出与其匹配度最高的公交线路，并将此作为乘客所在公交车的公交线路。

感知道路交通情况是一项复杂的任务。首先，它的规模宏大，特别是大城市中的交通状况，空间上连绵上百公里，牵扯几百万辆机动车和更多数目的行人，绝非“一瓶一钵足矣”的简单任务。其次，交通具有强烈的空间与时间关联性，牵一发而动全身，一个轻微的交通事故可以让几公里之外的车辆排队等待，中小学校放学会造成周边道路临时拥堵。影响交通状况的因素众多，工作日写字楼周边交通拥堵而周末则顺畅，体育比赛造成场馆周边交通异常，等等。在这样的背景下，群智感知以其鲜明的特点契合了城市交通感知的需求。尽管这方面的真实应用和系统部署还处于襁褓阶段，其中涉及的应用模式、任务分发、数据收集、用户参与策略等已成为当前移动计算特别是城市计算的研究热点。

2）案例 2：室内定位与室内地图构建

随着社会的飞速发展，城市中高楼大厦鳞次栉比，宏大的建筑规模以及复杂的室内环境使得以 GPS 为代表的室外定位技术不能满足人们日常生活的需求，人们越来越迫切地需要精准、便捷的室内定位服务。事实上，室内定位在十多年前就已经引起了研究者的注意。早期的尝试工作包括在室内特定位置上部署特殊的硬件设备，如红外装置、超声波、RFID 标签或者传感器等，作为已知参考点，进而通过测距或测方位等手段来实现室内定位。这些研究工作的方法可以取得较好的定位精度，可是却依赖于特定固件并且需要提前部署，因此难以推广。为解决这个问题，研究者提出了一种基于指纹（fingerprinting）的定位方法，即利用室内现有的环境特征（如无线信号、声音、光线等）作为指纹进行定位。指纹定位方法的核心思想是，人们事先在大楼内对环境信息（通常是无线信号）进行勘测，并建立一个样本数据库以标记每一条指纹数据对应的实际位置，之后就可以通过指纹的匹配来实现位置估计了。具体而言，指纹定位方法分为以下两个阶段：训练阶段和运行阶段。在训练阶段，定位服务的提供者对定位区域进行细致的勘测，即在每个位置上采集无线信号样本，并标上对应的位置坐标，由此建立指纹-位置关系的样本数据库。而在运行阶段，定位服务的使用者上传其所在位置的无线信号指纹数据，与上述样本数据库中的指纹进行匹配，即得到用户所在的位置坐标。在所有指纹定位方法中，基于无线信号的工作最为突出。微软研究院的两位研究员 Bahl 和 Padmanabhan[7]最早开发了采用 WiFi 信号作为指纹的定位系统 RADAR。随后，从 2003 年开始，美国马里兰大学的教授 Youssef[8]带领他的工作团队改进了 RADAR，研发出一套新的定位系统 Horus，并发表了一系列室内定位相关的文章。过去数年中，基于 WiFi 信号的指纹定位得到广泛而深入的研究，究其原因，最重要的是 WiFi 以及支持 WiFi 的智能手机在全球范围内得到广泛普及为这一类方法奠定了普适基础。

不仅是学术界，产业界关于实时定位系统（real-time location system）的商用产品也不少见。其中，较为知名的有芬兰的 Ekahau、英国的 Ubisense、挪威的 Sonitor 等公司。尽管采用了不同的技术，这些商业产品无一例外地都是基于特制的固件和终端。高昂的价格、特殊的固件、定制的终端，都使得这些系统难以打开普适室内定位产品市场的大门。

尽管早早地就被人们所关注和研究，但直到今天，普适的室内定位技术依然显得模糊不清。本质上，是高度复杂的室内环境导致了室内定位的研究充满挑战。最早的基于特殊硬件装置的方法显然不能普适，而指纹定位的方法虽然创造性地免去了硬件之患，为室内定位开辟了新的方向，可同时也带来新的困扰。其中，最为显著的是工作量巨大的室内环境勘测，即建立指纹数据库的环节。建筑物内部结构复杂，对每个位置进行人工勘测负担沉重，通常需要专业的人员采用专业的设备进行，代价高昂，耗时巨大。更何况室内环境多变，指纹数据库还要定期更新，人工勘测需要反复执行。

这些因素一直制约着室内定位技术的发展。直到近年高度集成和高度智能的手机广泛普及以及随之而来的群智感知概念的兴起，才为室内定位注入了新的“血液”。最初，在 2009 年，杜克大学的几位研究者试图利用智能手机用户的参与式感知实现室内逻辑定位——以房间为精度的定位。他们让手机用户主动参与其系统 SurroundSense 的工作，在每个地方感知和收集声音、光线、颜色和 WiFi 等环境数据以及人的运动数据，并上传到 SurroundSense 的服务器上。积累足够多的数据之后，该系统先对不同的环境特征（声音、光线、颜色等）依次建模，转换为方便计算和比较的指标，再将所有的环境特征组成多维度的指纹信息——这些指纹信息在收集阶段已经携带有用户标注的位置标签。有了这些指纹信息，只需要利用支持向量机、聚类等方法，对新的查询进行位置分类，即可实现定位，为每一个曾经出过力或没出力的用户服务。SurroundSense 的特色在于充分利用了室内环境中可供利用的多种物理特征以及人的运动信息，更在于其用户签到的模式暗含了群智感知思想。用户签到通过群智感知的方式解决了信号指纹收集的难题，但是这种模式依然需要用户主动参与感知任务，如果能让用户在不知情的情况下完成感知任务，那么将提高用户的参与性，同时室内定位系统的部署成本也会降低，进而扩大适用环境和应用面。根据正常的工作和生活需要，用户会在大楼内走动，每走到一个位置，手机都可以自动记录下当前位置的信号指纹。

因此，信号指纹的收集并不困难，而难点在于如何把信号指纹与其相对应的物理位置联系起来，从而建立“指纹-位置”关系数据库。手机收集信号指纹容易，而判断当前位置难，因为在信号收集阶段定位系统还不能开始工作。

在用户不主动参与、定位系统还不能工作的情况下，有研究工作借鉴机器人定位中常用的惯性导航方法，用手机中的惯性传感器记录下用户的运动情况，从而推断出用户位置。然而，手机中的传感器不同于机器人上的传感器，在精度和可靠性上都有较大差距，因此通过惯性导航计算出的位置通常有较大偏差。具体来讲，使用加速度传感器对位移进行估计时，用户运动 1min 的位移误差可以达到 100m 以上。国际会议 MobiCom'12 收录了两篇针对此问题的室内定位论文，其中一篇来自清华大学的论文[9]根据信号指纹间的时空特性建立指纹与位置的对应关系。自动化的、基于群智感知的指纹数据库建立使得室内定位系统的普适性再获提升。

除了场景勘测，室内定位还面临另外一个广泛存在却鲜为人知的挑战：无论何种室内定位技术，最终都离不开数字化的室内地图。即使在技术上不需要依赖于室内平面图，但真正面向公众服务时，都脱离不了室内平面图的辅助；否则就如同没有地图的 GPS 信息一样无用，空有精准的经纬度却徒叹奈何。有趣的是，这样一个公共而基础的需求，过去却一直不被人们所重视和探讨。显然，室内地图并不是处处可用的。很多楼宇建筑并非都有现成的数字化室内地图。请注意，这里“数字化”的含义不仅是室内地图的电子图片，而是包含了室内的结构信息，诸如走廊、楼梯、房间甚至房间的逻辑功能等。若想单纯地靠人工来绘制全球范围的数字化室内地图，不啻于愚公移山。因此，一个自然而然的考虑是如何利用技术手段高效地获取数字化的室内地图，如图 8-2 所示。这里，移动计算和群智感知再一次证明了它们的魅力。

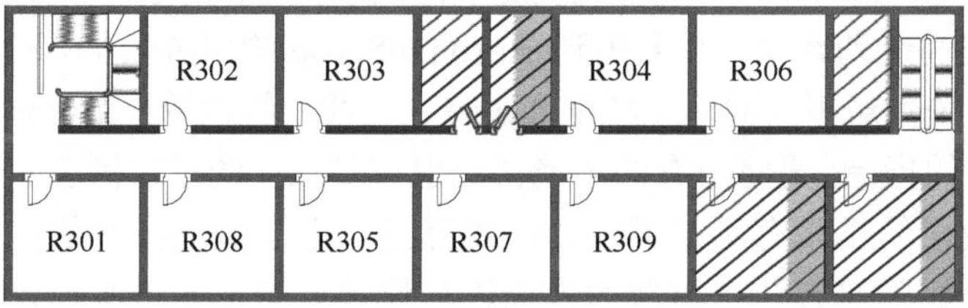

图 8-2　实验场地室内结构图

8.2　国内外移动群智感知网络研究展望

移动群智感知网络作为一种以具备外部信号感知、采集等功能的移动终端（手机、手环、个人计算机等）为主要节点的感知网络，它是一种“以人为中心的感知”感知模型，利用具备感知能力的通信设备，结合现有已部署的 WiFi 以及通用分组无线服务（general packet radio service，GPRS）网络，完成大量完整的信号感知任务[10]。

群智感知概念以及相关研究主要集中在近十年内，国内外的专家学者在该领域内的研究内容包括以下几个方面。

（1）微控制系统（micro controller system，MCS）可以对网络数据进行采集，包括采集前端的声音、图片信号保真、失真处理等，同时还可以对地理位置信息进行精确计算统计。文献[11]、[12]阐述的是关于声音传感器采集信号以及对声信号矢量的优化处理方法，为在传感器网络中的感知节点采集信息精度的提升提出了优化方法；文献[13]阐述的是关于移动设备非视觉信号采集与处理等解决方案，从红外信号、超声信号以及移动接近信号的采集处理方面，阐述了优化方案；文献[14]～[16]提出的是关于通信节点非 GPS 位置定位的方法以及优化方案，为非 GPS 条件下的高准度位置定位提供了解决方案；文献[17]提出的是基于能量优化的传感器信号收集策略，根据感知界点的自身能量状态以及相关的运动特点，以能效最佳的状态进行信号感知收集等。目前，MCS 网络前端的信号感知收集方法主要集中在传统传感器网络节点的信号收集方案中，从解决目标中可以看出，MCS 网络前端信号感知收集与处理依旧是传感器网络的一大研究内容。

（2）MCS 网络的感知数据传输是 MCS 网络面临的一大挑战，该研究内容包含感知节点不同的互联网接入方式，例如，手持移动通信设备的全球移动通信系统（global system for mobile communication，GSM）联网方式（3G 或者 4G 方式）、固定热点 WiFi 接入方式以及部分蓝牙（bluetooth）数据接入方式等，众多的互联网接入方式对感知数据在网络中的传递影响很大，主要包括感知信息数据包是否能够及时地长传至互联网决策中心、Mac 层的数据吞吐量以及移动终端的能量消耗[4, 5]等。目前，针对移动群智感知网络中感知信息传输的优化方案主要是以移动传感器网络为研究基础，结合移动群智感知网络的特点，提出相应的拓扑控制层、媒体接入层针对数据传输的优化方案，研究方案的主要目标是通过优化方法实现在复杂网络环境下网络传输时延的降低、数据包的及时传输、网络吞吐量的提升等。文献[18]提出基于簇的双向自适应拓扑控制方案，通过提出的控制方法，对集群头功能进行合理划分以及对簇首的合理选择可以有效地降低网络能耗、消息开销和时间复杂度，维持网络的鲁棒性；文献[19]针对几种常见的控制算法，对其控制过程中的功耗以及传输时延问题提出了建议并作出了理论推导；文献[20]提出了关于删除冗余、低效的 Link 算法，提高了上层路由的效率，降低了消息路由开销；文献[21]、[22]分别从网络 Link 控制、功耗控制以及休眠调度等角度，阐述了相关拓扑控制优化算法；文献[23]提出了基于连通度和度模糊控制理论的拓扑控制算法，阐述了优化算法在时间复杂度、拓扑建立与维持方面的优势；文献[24]提出基于云模型和节点冗余度概念的控制方案，通过云模型计算传感器节点之间的相似度，保证目标区域的连通性，从而实现网络的能耗优化以及数据的可靠传输。从传感器网络诞生到目前的移动群智感知网络，其关键问题始终是如何将信息快速准确地传输到目的地，这也是技术发展到现在依旧需要解决的问题。

（3）移动群智感知网络最终的目标是实现大规模的全面的社会、环境、人类等感知任务，那么必然需要对感知数据进行分析。目前数据挖掘技术的兴起对完成感知任务提供了技术支撑。文献[25]～[28]阐述的均是在大规模数据量条件下的数据统计以及信息挖掘技术，文献中提出的大规模数据关联规则以及聚簇算法等在合理提取感知信息、减少信息提取时间上都有较好的效果，这有助于高效准确地完成移动群智感知网络的目标任务。

作为一种新兴的网络模型，移动群智感知网络必然具备当前传感器网络的优点，包括网络部署代价、感知网络架构维护开销更低以及良好的网络扩展能力。同时 MCS 网络面临以上诸多挑战，这也是目前国内外专家学者需要面对和解决的问题。

8.3 移动群智感知网络的关键技术

作为新兴的研究领域，移动群智感知网络在基础理论、实现技术、实际应用三个层面都面临着许多传统传感器网络不曾遇到的挑战。目前，对移动群智感知网络的研究主要围绕以下七个方面展开[29-31]。

（1）移动群智感知网络共性平台。目前，学术界和工业界已经设计和开发了各种各样的移动群智感知应用。实际上，这些应用通常具有相似或者部分重叠的功能，需要相同的或者相互关联的感知数据，面临着数据收集、资源分配、能量节约、用户激励、安全与隐私等一系列共同的问题与挑战。现阶段这种相互独立的开发模式十分低效，造成了很大的资源浪费。因此，设计移动群智感知网络共性平台一直是移动群智感知网络领域急需解决的基本问题。移动群智感知网络共性平台的设计应该遵循以下几个基本原则：首先，应该允许应用开发者使用某种高级程序语言指定所需要的感知数据，并且能够识别不同应用所需要的相同的或者相互关联的感知数据，避免在移动用户端进行重复的感知、处理和传输；其次，应该能够自动选择所需的用户集及其相应的传感器，并配置合理的感知参数，当用户所处的情境发生动态变化时，应该自动进行调整来保证所需的感知质量；最后，为了避免在不同类型的移动设备上重复开发相同的前端处理功能，应该能够提供一个接口来屏蔽访问不同物理层传感器的差异，对上层应用提供一个公共的抽象接口，从而复用相同的前端处理模块。

（2）移动群智感知数据的前端处理。GPS、加速计、麦克风、摄像头等传感器采集的原始感知数据通常存在很大噪声、不完整或具有冗余，直接传输大量的原始感知数据会消耗太多能量和网络带宽，直接处理海量的原始感知数据也会给平台带来太大压力。另外，在一些间歇性连通的网络环境中，需要采用机会转发机制传输感知数据，而传输大量的原始感知数据会造成较高的传输延迟和较低的投递率。因此，在实际应用中，通常对原始感知数据进行前端处理，再将中间结果传输到感知平台做进一步的数据分析。目前，采用的前端处理技术主要有两类：一类是数据质量增强，包括消除噪声、过滤异常数据、恢复丢失数据、对低质图像进行修复和增强等操作；另一类是情境推断，包括推断用户的交通模式、运动模式、社交场合（如开会、打电话、看电视等）和所处的周围环境（如道路颠簸、噪声级别等)。将不同应用所需感知的情境进行相互关联和学习、利用更少的传感器采集更少的数据来完成更多的和更精确的情境推断任务，是当前移动群智感知网络情境推断方面的最新研究动向。

（3）移动群智感知数据的机会传输。目前，移动群智感知应用大多采用基于基础设施的传输模式，即用户通过移动蜂窝网络（如通过接入点与互联网）进行连接来上报感知数据。然而，这种传输模式不适用于网络覆盖差或缺少通信基础设施（如在台风、地震等灾难事件发生时通信基站会遭到严重破坏）的场景，而且会消耗用户的数据流量，并对移动蜂窝网络造成压力。为了减少对通信基础设施的依赖和降低通信开销，移动用户之间可以采用一种“弱”连接的方式，依靠移动节点之间的相互接触，采用“存储携带转发”的机会传输模式在间歇性连通的网络环境中传输感知数据。然而，大多数现有的机会转发机制仅仅关注用户个体感兴趣数据的共享和分发，而没有考虑感知数据的时空相关性特点以及其对网络传输性能的影响。因此，在对感知数据进行机会传输的过程中，考虑感知数据的特点，将机会转发机制与网内数据处理相结合是当前最新的研究动向。

（4）移动群智感知数据的分析挖掘。移动群智感知数据来自不同的用户、不同的传感器，必须将这些海量数据进行智能的分析和挖掘才能有效地发挥其价值，形成从数据到信息再到知识的飞跃。目前，研究的技术主要有以下几类。①大数据存储与处理技术：移动用户产生海量的感知数据，包括结构化的（如数值、符号）和非结构化的（如图像、音频、视频），有些时效性强有些时效性弱，有些价值密度高有些价值密度低，这都给大数据的存储与处理带来了新的关注焦点。②数据质量管理技术：用户感知方式的随意性以及不同用户的使用习惯都会影响感知数据的正确表达和解释，所产生的感知数据具有不准确、不完整、不一致、不及时等质量问题，甚至存在恶意用户上报虚假数据的现象，因此，需要有效地对用户数据质量进行评估，剔除错误数据和虚假数据。③多模态数据挖掘技术：不同的用户、不同的传感器所采集的感知数据是在不同维度上刻画被感知的对象，需要针对不同模态信息关联性，整合不同模态挖掘结果，来获取对感知对象的全面理解。

（5）移动群智感知网络资源优化。克服移动节点在能量、带宽、计算等方面的资源限制是移动群智感知网络实用化的关键。尽管资源优化问题在传统的传感器网络中得到了充分研究，但移动群智感知应用引入了很多新的问题。首先，由于用户数量和传感器的可用性都会随着时间而动态变化，难以准确地对能量和带宽需求进行建模和预测来完成特定的感知任务。其次，需要考虑如何从大量的具有不同感知能力的用户中选择一个有效的用户子集，在资源限制条件下合理调度感知和通信资源。目前的研究主要包括三个方面：①使用多种手段以能量有效的方式完成定位、利用不同类型感知数据的关联性，使用较少的传感器采集较少的感知数据来完成多个同时进行的感知任务；②利用不同情境的关联性以能量有效的方式进行连续的情境推断；③利用感知数据的时空相关性，选择有效的用户集，并设置合理的感知参数，使多个用户协作完成感知任务，实现感知质量与资源消耗的平衡。

（6）移动群智感知网络激励机制。移动群智感知应用依赖大量普通用户参与，而用户在参与感知时会消耗自己的设备电量、计算、存储、通信等资源并且承担隐私泄露的威胁，因此必须设计合理的激励机制对用户参与感知所付出的代价进行补偿，才能吸引足够的用户，从而保证所需的数据收集质量。现有的工作主要基于两种模式：①在以平台为中心的模式中，由平台指定总报酬，最终所有参与用户根据完成的任务量来分享报酬，一般将这种模式建模为 Stackelberg 博弈；②以用户为中心的模式中，由用户向平台报价，平台从中选择性价比高的用户来完成任务，一般将这种模式建模为逆向拍卖来研究。

（7）移动群智感知网络的安全与隐私。感知数据可能泄露用户的隐私和敏感信息，因此必须设计合理的隐私保护机制在确保用户隐私的同时能够尽可能完成数据收集任务。现有的工作主要关注以下三类方法。①匿名化：将身份信息移除后再将感知数据上报给平台。这种方法的缺点是仍然可以从匿名化或其他定位传感器测量值中推断出用户频繁访问的位置以及其他个人信息。②安全多方计算：使用加密技术将感知数据进行变换后上报给平台。这种方法比较安全，但缺点是一般需要较大的计算量，需要生成和维护多个密钥，灵活性较差。③数据加扰：对感知数据添加一些噪声后上报给平台，添加的噪声需要保证用户个体的隐私信息得到保护，同时依然能够准确地计算出群体信息的统计结果。

8.4　移动群智感知网络的典型应用及工作流程

移动群智感知网络发展潜力巨大，特别是在以下典型应用中。

（1）智能交通领域。Thiagarajan 等[32]提出的 V-Track 系统可以向人们提供实时交通信息；Sheikh 等[33]提出并实现了一个可以进行自动地图语义识别的群智感知系统 Map++；Zhou 等[34]搭建了一个参与式城市交通监控系统，该系统分发任务到乘客手机，通过乘客手机进行数据采集，然后经过后端数据处理等过程，最终生成一个完整的交通状况地图。

（2）环境监测领域。通过利用移动设备当中的多种传感器，在保证系统的时间和成本有效性的前提下，可以建立一套监控超大规模环境信息的监控系统。例如，Ear-Phone 项目提供了城市噪声地图；可以利用不同地区用户的移动手持设备搜集环境中二氧化碳指标，通过移动群体的参数反馈完成大气质量的监测。

（3）本地服务领域。Ouyang 等[35]提出了一个可以展示当地酒店、商店或者健身房等公共场所的人员排队情况的应用；Wan 等[36]在车联网环境下，提出使用移动群智感知技术为不希望遭遇拥堵的司机提供帮助与支持；Chen 等[37]设计了一个城市智能停车项目，该项目使用移动群智感知技术收集空闲车位，人们在出行时，在应用中输入目的地后，能够得到目的地附近空闲车位信息。

（4）同时，其他领域中也有很多有前景的移动群智感知应用，如企业、药品研发和社交网络中的靶向广告投放等[38]。

移动群智感知网络作为一种新型的感知手段，利用普通用户的移动终端设备提供更加复杂、更大规模的网络服务。移动群智感知网络的工作流程可以分为以下五个步骤。

（1）发布任务。移动感知平台将要处理的感知任务划分成若干子任务，并通过开发呼叫的方式将这些子任务发布给移动终端用户。同时感知平台也要设计出合理的用户激励机制来吸引更多的用户参与到任务的处理过程，提供更高质量的数据。

（2）用户接收任务。区域内的用户得到这些任务信息之后，根据自身的情况来决定自己是否接收这些子任务。

（3）用户收集和处理任务。移动用户在接收子任务之后，通过移动终端设备处理任务、收集数据，并在前端对自己收集的数据进行简单的处理和隐私保护，之后将这些数据上传至移动感知平台。

（4）平台处理分析数据。感知平台获取移动用户上传的数据之后对数据进行处理和分析，分析处理之后的数据将被应用到环境监测预警、智能交通服务、城市基础设施和市政管理、公众健康和公共安全等领域。

（5）数据评估与激励机制。移动感知平台在对用户上传的数据进行处理分析之后，对这些数据进行评估，并根据评估的结果对参与感知任务处理的移动用户给予一定的奖励和补偿。

8.5　移动群智感知网络面临的问题

移动群智感知网络已被应用于生活中各个方面，同时也被大量广泛研究，很多构建方法以及实际的系统被提出。但移动群智感知网络的研究还处于初级阶段，离真正大规模的应用和推广存在很大差距，还有很多关键问题需要解决，主要包括以下 3 个大问题。

1）用户的安全隐私保护

移动群智感知网络的一个重要特征是它潜在地收集用户的个人敏感信息。例如，根据用户手机的 GPS 位置可以推断用户的一些私密信息，如用户上班和回家的日常行走路线等，也可通过统计用户常在的位置推断用户的职业、兴趣和爱好等[39]。用户手机的蓝牙和 WiFi 信号检测数据可用来推断用户的社交关系，如用户与哪些人遇见过，用户在社会交往中是否活跃等[40]。更严重的是，用户手机的麦克风感知信息可用来获取用户的日常谈话内容等。另外，在移动群智感知网络中，分享用户的感知数据可获取很多有价值的信息。例如，大量汽车驾驶员手机的 GPS 感知数据可用来推断某个城市的道路交通拥塞情况[41]；用户的蓝牙和麦克风感知数据可被社会学科学家用来研究人类社交网络的一些特征和属性等[42]。因此，在移动群智感知网络中，既要保护用户个人的安全隐私不被泄露又要确保群智感知应用的实现，具有很大的挑战。由于移动群智感知网络中用户众多，可能存在恶意的用户贡献错误的数据给系统，因此确保感知数据的完整性（data integrity）也是一个很重要的问题。当前有很多传统的保护用户安全隐私的方法，例如匿名化处理（anonymization）[43]。该方法在数据分享给第三方之前，将数据中可用来识别用户的信息去除掉，如位置信息以及用户的 ID 信息等。该方法的缺点是不便于群智感知应用的实现，如去除了 GPS 信息很难推断道路交通拥塞情况。另一种保护隐私的方法是安全多方计算（multiparty computation）[44]。它利用加密技术传输数据，以保护数据的隐私。这种方法的计算复杂度很高，并且由于要产生和维护多个密钥，很难用于大规模的移动群智感知网络中。此外，当前也有很多验证数据完整性的方法，如文献[45]、[46]提出了一种感知数据签名方法等。总之，虽然当前已有很多保护隐私的传统方法，但它们都没有完全解决移动群智感知网络的隐私保护问题。尤其是，既要保证移动群智感知网络系统功能的实现又要保护用户的隐私。

2）用户的激励机制设计

在移动群智感知网络中，当用户完成感知任务时，可能会耗费自己的能量资源，如手机的电量以及计算资源等。同时，用户由于分享了自己的感知数据，潜在地受到隐私泄露的威胁。因此，只有当用户得到对他们资源耗费和隐私泄露威胁等损失的足够补偿后，才会有兴趣自愿加入移动群智感知网络。而且，由于移动群智感知网络的感知质量紧密依赖于大量用户的感知，所以，如果没有足够的用户参与感知，移动群智感知网络很难达到感知质量的要求。因此，用户激励机制的设计是实现移动群智感知网络的基础和前提，对移动群智感知网络的大规模应用具有重要意义[47, 48]。目前已有部分关于激励机制设计的研究。文献[49]设计和提出了一种群智感知用户的招募平台，以便于应用发起方根据用户的行为习惯、时空可得性等方面选择合适的感知用户。但是，该方法主要关注用户的选择，而没有考虑激励机制的设计。目前关于移动群智感知网络中激励机制设计的研究还较少。文献[50]主要考虑移动群智感知网络中用户的位置私密性，通过实际实验分析位置私密性公开应得的补偿。最后，基于这些实验结果提出了一种次高叫价拍卖机制计算用户应得的补偿，从而激励用户参与到移动群智感知网络中。文献[51]提出了一种基于反向拍卖的动态价格设计机制（reverse auction based dynamic price incentive mechanism）。在这种机制中，用户将感知数据卖给服务提供者并宣称一个卖价。目标是使激励耗费最小且稳定，同时保证有足够的用户参与到移动群智感知网络中。文献[52]基于移动群智感知网络中以平台为中心的模型（platform-centric model）和以用户为中心的模型（user-centric model），分别提出了基于双寡头博弈模型的激励机制（duoply game based incentive mechanism）和基于竞标的激励机制（auction based incentive mechanism）。文献[53]、[54]利用最大期望算法（expectation maximization，EM）和最大似然估计方法的渐近性，提出了一种基于用户感知数据度量用户感知质量的方法，从而可根据各个用户的感知质量设计公平的用户激励机制。以上这些方法都是从理论和模型方面设计用户的激励机制，而真正实用的激励机制还有待进一步研究。

3）数据感知质量管理

如前面所述，移动群智感知网络利用用户现有的设备进行感知，感知数据既不准确又不可靠。虽然这种方式具有成本低、感知规模大以及粒度细等优点，但同时也带来了数据感知质量管理这一巨大的挑战。如果不对这些不准确和不可靠的感知数据进行处理，很难直接将其用于各种感知应用中。因此，数据感知质量管理是实现移动群智感知网络的关键。换言之，在移动群智感知网络中，数据获取较容易，关键在于解决感知数据的不准确性和不可靠性问题，即数据感知质量管理。而在传统的传感器网络中，由于所有传感器均可以在部署前进行校正或其感知误差已知，因此，它们的数据感知质量管理较容易，而关键在于数据的获取，如传感器如何降低感知耗能，并可靠地将数据传送到网络控制中心。当前关于移动群智感知网络中数据感知质量管理的研究较少。文献[55]～[58]只考虑最简单的移动群智感知网络，即用户的 0-1 感知。例如，用户发现街道内某个特定的位置有垃圾，则上报 1，否则上报 0。但在大部分的实际移动群智感知网络中，用户的感知数据远比 0-1 数据复杂，如污染源检测数据和信号强度感知数据等。文献[59]、[60]考虑较复杂的基于移动群智感知网络的污染源监控场景，基于最大期望算法提出了一种真实污染源识别方法和传感器自校正方法。该算法仅依靠不准确和不可靠的用户感知数据，就能准确地识别真实污染源和校正用户的感知设备。文献[61]主要解决移动群智感知网络中数据不完全的问题，而没有考虑感知数据的误差。总之，在移动群智感知网络的数据感知质量管理研究中，还有很多问题需要进一步研究和解决。例如，数据规模不断增长的感知数据流的质量管理问题，大型的实际移动群智感知网络系统中数据感知质量管理问题，以及感知用户的分布和移动模型对数据感知质量管理的影响等。

参 考 文 献

[1]　何宏，向朝参，肖书成，等. 群智感知网络研究现状与发展[J]. 吉林大学学报(信息科学版)，2016，34(3): 374-383.

[2] Atzori L, Iera A, Morabito G. The internet of things: A survey [J]. Computer Networks, 2010, 54(15): 2787-2805.
[3] 魏留留. 移动群智感知网络覆盖和路由策略研究[D]. 长春: 吉林大学, 2017.
[4] 陈荟慧, 郭斌, 於志, 等. 移动群智感知应用[J]. 中兴通讯技术, 2014, (1): 35-37.
[5] 刘金亮. 移动群智感知网络的安全博弈研究[D]. 厦门: 厦门大学, 2016.
[6] 移动计算中的群智感知[EB/OL]. https://wenku.baidu.com/view/dc431b1b9b6648d7c0c74617.html[2018-02-05].
[7] Bahl P, Padmanabhan V N . RADAR: An In-Building RF-Based User Location and Tracking System [C].19th Joint Conference of the IEEE Computer and Communications Societied, Israel, 2000:775-784.
[8] Youssef M, Agrawala A. The Horus WLAN Location Determination System [J].Wireless Networks,2008, 14(3): 357-374.
[9] Yang Z, Wu C S, Liu Y H. Locating in Finger-print Space: Wireless Indoor Localization with Little Human Intervention [C].Proceedings of the 18th annual international conference on Mobile computing and networking, Turkey, 2012: 22-26.
[10] 肖亚铁. 移动群智感知网络拓扑控制研究[D]. 上海: 上海师范大学, 2017.
[11] 孙贵青, 李启虎. 声矢量传感器信号处理[J]. 声学学报, 2004(6): 491-498.
[12] 桑恩方, 乔纲. 基于声矢量传感器的水声通信技术研究[J]. 声学学报, 2006, 31(1): 61-67.
[13] 陈细军, 叶涛, 李磊. 移动机器人非视觉传感器及其信号处理方法[J]. 机器人, 2003, 25(4): 313-317.
[14] 王昕, 王宗欣, 刘石. 一种考虑非视线传播影响的 TOA 定位算法[J]. 通信学报, 2001, 22(3): 1-8.
[15] 杨天池, 金梁, 程娟, 等. 一种基于 TOA 定位的 CHAN 改进算法[J]. 电子学报, 2009, 37(4): 819-822.
[16] Caffery J J J. A new approach to the geometry of TOA location [C]. Vehicular Technology Conference, Boston, 2000: 1943-1949.
[17] 戴世瑾, 李乐民. 高能量有效性的无线传感器网络数据收集和路由协议[J]. 电子学报, 2010, 38(10): 2336-2341.
[18] Gui J, Zhou K, Xiong N. A cluster-based dual-adaptive topology control approach in wireless sensor networks [J]. Sensors, 2016, 16(10): 1576.
[19] Santi P. Topology control in wireless Ad hoc and sensor networks [J]. Association for Computing Machinery Computing Surveys, 2005, 37(2): 164-194.
[20] Labrador M A, Wightman P M. Topology Control in Wireless Sensor Networks [M]. Amsterdam: Springer, 2009.
[21] 张学, 陆桑璐, 陈贵海, 等. 无线传感器网络的拓扑控制[J]. 软件学报, 2007, 18(4): 943-954.
[22] 邹仕洪, 程时端. 一种多速率移动自组网中的拓扑控制算法[J]. 软件学报, 2004, 15(12): 1869-1876.
[23] 张建辉. 无线传感器网络拓扑控制研究[D]. 杭州: 浙江大学, 2008.
[24] Shi B, Wei W, Yang Y, et al. A novel energy efficient topology control scheme based on a coverage-preserving and sleep scheduling model for sensor networks [J]. Sensors, 2016, 16(10): 1702.
[25] 孙平. 数据挖掘技术及应用[C]. 中国科学技术情报研究与竞争情报学术研讨会, 张家界, 2006: 468-471.
[26] Huang J. Application rearch on the technology of data mining [J]. Computer Engineering and Applications, 2003: 45-48.
[27] Pahl C. Data mining technology for the evaluation of learning content interaction [J]. International Journal of E-Learning, 2004, 3(10): 47-57.
[28] 张俊. 基于数据挖掘的无线传感器网络若干问题研究[D]. 上海: 上海交通大学, 2007.
[29] Talasila M, Borcea C, Curtmola R. Mobile Crowd Sensing [M]. New York: Social Science Electronic Publishing, 2014.
[30] Ganti R K, Ye F, Lei H. Mobile crowdsensing: Current state and future challenges [J]. Communications Magazine

IEEE, 2011, 49(11): 32-39.

[31] Ma H, Zhao D, Yuan P. Opportunities in mobile crowd sensing [J]. Communications Magazine IEEE, 2014, 52(8): 29-35.

[32] Thiagarajan A, Ravindranath L, Lacurts K, et al. VTrack: Accurate, energy-aware road traffic delay estimation using mobile phones [C]. Proceedings of the 7th ACM Conference on Embedded Networked Sensor System, Berkeley, 2009: 85-98.

[33] Sheikh S J, Basalamah A, Aly H, et al. Map++: A crowd-sensing system for automatic map semantics identification, sensing [C]. 2014 11th Annual IEEE International Conference on Sensing, Communication, and Networking(SECON), Singapore, 2014: 546-554.

[34] Zhou P, Jiang S, Li M. Urban traffic monitoring with the help of bus riders [C]. 2015 IEEE 35th International Conference on Distributed Computing Systems, Columbus, 2015: 21-30.

[35] Ouyang R W, Kaplan L, Martin P, et al. Debiasing crowdsourced quantitative characteristics in local businesses and services [C]. Proceedings of the 14th International Conference on Information Processing in Sensor Networks, Seattle, 2015: 190-201.

[36] Wan J, Liu J, Shao Z, et al. Mobile croud sensing for traffic prediction in internet of vehicles[J]. Sensors, 2016, 16(1):156-162.

[37] Chen X, Liu N. Smart parking by mobile crowdsensing [J]. International Journal of Smart Home, 2016, 10(2): 219-234.

[38] Ji S, Chen T. Incentive mechanisms for discretized mobile crowdsensing [J]. IEEE Transactions on Wireless Communications, 2015: 1.

[39] Wang Y, Liu X, Wei H, et al. CrowdAtlas: Self-updating maps for cloud and personal use [C]. Proceeding of the 11st Annual International Conference on Mobile Systems, Applications, and Services, Taibei, 2013: 27-40.

[40] Khan W, Xiang Y, Aalsalem M, et al. Mobile phone sensing systems: A survey [J]. IEEE Communications Surveys & Tutorials, 2012, 15(1): 402-427.

[41] Hull B, Bychkovsky V, Zhang Y, et al. CarTel: A distributed mobile sensor computing system[C]. Proceedings of the 4th International Conference on Embeuded Networked Sensor System, New York, 2006:125-138.

[42] Rachuri K K, Mascolo C, Musolesi M, et al. Rentfrow socialSense: Exploring the trade-offs of adaptive sampling and computation offloading for social sensing [C]. Proceedings of the 17th Annual International Conference on Mobile Computing and Networking, Las Vegas, 2011: 73-84.

[43] Sweeney L. K-Anonymity: A model for protecting privacy [J]. International Journal of Uncertainty, Fuzziness and Knowledge-Based Systems, 2002, 10(5): 557-570.

[44] Yao A C C. Protocols for secure computations [C]. Proceedings of the 9th Workshop on Mobile Computing Systems and Applications, Chicago, 2008: 160-164.

[45] Lenders V, Koukoumidis E, Zhang P, et al. Location-based trust for mobile user-generated content: Applications, challenges and implementations [C]. Proceedings of the 9th Workshop on Mobile Computing Systems and Applications, Napa Valley, 2008: 60-64.

[46] Saroiu S, Wolman A. Enabling new mobile applications with location proofs [C]. Proceedings of the 10th Workshop on Mobile Computing Systems and Applications, New York, 2009: 1-6.

[47] Khan W, Xiang Y, Aalsalem M, et al. Mobile phone sensing systems: A survey [J]. IEEE Communications Surveys & Tutorials, 2012, 15(1): 402-427.

[48] Xiang C, Yang P, Tian C, et al. Accurate quantification of sensor noise in participatory sensing network [J]. Ad hoc

and Sensor Wireless Networks, 2014, 30(3): 163-182.

[49] Xiang C, Li X, Yang P, et al. Feeling sensors's pulse: Accurate noise quantification in participatory sensing network [C]. IEEE Conference on Mobile Ad-hoc and Sensor Networks, Dalian, 2013: 212-219.

[50] Reddy S, Estrin D, Srivastava M. Recruitment framework for participatory sensing data collections [C]. Pervasive Computing: IEEE, Helsinki, 2010: 138-155.

[51] Danezis G, Lewis S, Anderson R J. How much is location privacy worth [C]. Proceedings of the Workshop on the Economic of Information Seaurity Series, Heidelberg, 2005: 1-13.

[52] Lee J S, Hoh B. Sell your experiences: A market mechanism based incentive for participatory sensing [C]. 2010 IEEE International Conference on Pervasive Computing and Communications(PerCom), Mannheim, 2010: 60-68.

[53] Yang D, Xue G, Fang X, et al. Crowdsourcing to smartphones: Incentive mechanism design for mobile phone sensing [C]. Proceedings of the 18th Annual International Conference on Mobile Computing and Networking, New York, 2012: 173-184.

[54] Wang D, Abdeizaher T, Kaplan L. On 10th discovery in social sensing: A maximum likelihood estimation approach [C]. 2012 ACM/IEEE 11th International Conference on Information Processing in Sensor Networks(IPSN), New York, 2012: 233-244.

[55] Wang D, Kaplan L, Aggarwal C C. On quantifying the accuracy of maximum likelihood estimatio of participant reliability in social sensing [C]. 2011 DMSN IEEE, Urbana, 2011: 1-6.

[56] Wang D, Kaplan L, Abdelzaher T, et al. On scalability and robustness limitations of real and asymptotic confidence bounds in social sensing [C]. 2012 9th Annual IEEE Communications Society Conference on Sensor, Mesh and Ad Hoc Communications and Networks(SECON), Seoul, 2012: 506-514.

[57] Wang D, Kaplan L, Abdelzaher T, et al. On credibility estimation tradeoffs in assured social sensing [J]. IEEE Journal Selected Areas in Communications, 2013, 31(6): 1026-1037.

[58] Wang D, Abdelzaher T, Ahmadi H, et al. On Bayesian interpretation of fact-finding in information networks [C]. 14th International Conference on Information Fusion, Chicago, 2011: 1-8.

[59] Xiang C, Yang P, Tian C, et al. PassFit: Participatory sensing and filtering for identifying truthful urban pollution sources [J]. IEEE Sensors Journal, 2013, 45(11): 3721-3732.

[60] Xiang C, Yang P, Tian C, et al. Calibrate without calibrating: An iterative approach in participatory sensing network [J]. IEEE Transaction on Parallel and Distributed Systems, 2014, 26(2): 351-361.

[61] Ear-phone an end to end participatory urban noise mapping system[EB/OL]. https://www.researchgate.net/publication/264934528_Ear-Phone_An_End-to-End_Participatory_Urban_Noise_Mapping_System [2018-12-02].